ちくま新書

日本の農村

——農

細谷 昂
Hosoya Takashi

1573

日本の農村——農村社会学に見る東西南北【目次】

はじめに

農村社会学は、日本の農村について調査研究を行ってきた学問分野である。「農」という字がつくけれども、農業そのものを対象とする農学ではない。「農」を営んでいる家つまり「農家」や、その農家からなる「農村」など、農を営んでいる人びとの暮らしや社会の調査研究をする学問分野である。これまで日本のいろいろな時代の、いろいろな地方の農村が研究対象になってきた。そこで重要なのは、今ではすっかり変わってしまった農家や農村の姿が記録されているということである。ただしそこにはいろいろと農家や農村に対する誤解もあった。この本では、農村社会学の研究を振り返ってみて、そのような誤解をできるだけぬぐい去りながら、日本の農村の姿を認識し直すことにしたい。そこに、どのような日本農村の姿が認識できるのか。

日本で初めて農村社会学という表題を使った著作は、小河原忠三郎《おがわらちゅうざぶろう》の『農村社会学』だという。その「自序」の中で小河原は、「著者関東の一寒村に生を享け笈《おい》を負ふて都門に上り遊学年を重ぬる茲《ここ》に十有余、（中略）近年修学の余暇屢《る》次《じ》郷村に父母を顧み農村社会生活の惨況を感得するに及んで這般《しゃはん》の研究を企図」したとのべている。いささか古い文章なので、お分かりいただきにくいかもしれないが、要するに、自分は関東地方のある村に生まれたが、東京での学業の余暇に村の父母をしばしば振り返ってみると、農村生活の心が痛む状況を感じ取って、それらの研究を志すようになった、というのである。大正の時代、今から見ると、一〇〇年ちょっと前のことである。その頃もう農村は「惨況」を示していたのであろうか。そして、「嗚呼浅薄なる商工立国主義謳歌の弊茲に至って極まれりと云ふべし」とのべている。つまり、これは商工業によって国を立てようとする浅薄な政策の弊害だというのである。(1)

それからさらに二〇年ほどたった昭和の時代（具体的には一九四〇年）に、農村社会学者の鈴木栄太郎は、その当時の日本農村の変化を「社会的容器の瓦壊《ママ》」とよんだ。そして「農村の健全なる発展を希望し」て、「農村社会学的研究は特に要求される」とのべている。そして、「経済的に合理的できわめて有利な事であるならば、窮乏している農民は直ちにその指導に従うであろうという予想の下に立案された農村対策が、過去に如何に多く失敗した事であろうか」と述べ、それは「農村に存する不合理の合理が考慮にいれられてなかったからである」と指摘している。(2) この「不合理の合理」が宿る農村社会こそ、鈴木の言う、行政上の村とは違う農民自身の生産と生活の組織としての「自然村」概念だったのである。

ところで、話は「大正」から「昭和」と来て、次は「平成」の時代、やはり農村社会学者の大野晃《あきら》が、「限界集落」という概念を提示したら、マスメディアや行政などがそれに飛びついて、流行語のようになってしまった。これも「浅薄なる商工立国主義」の一つの現れではないか。大野自身は、「流域共同管理と山村支援」による「環境保全」を提案したのであったが[3]。しかし農村社会学は、農村を見つめながら、その中から日本社会そのものの姿を捉えようとしてきたのである。日本社会の原型あるいは基層は農村にあるという認識である。だから、農村社会が「瓦解」すれば、日本社会そのものが瓦解あるいは別ものになってしまう。

私事になるけれども、私の家の近所に、一生を農家経営で送って、町に出てきて晩年を過ごしていた老人が住んでいた。明治三三(一九〇〇)年生まれの人だった。家屋はむろん普通の都市住民の住宅になっていたが、宅地の中に作業場を設け、蓑《みの》や箕《み》、手籠《てかご》などを、稲藁やあけび蔓《づる》、木の皮などで作って、近所の親しくなった家を訪ねる時に手土産にしていた。それに添えられた言葉が、まことに「農村に存する不合理の合理」を物語っているので、次に引用しておこう。

「年老いて気まぐれ仕事
　藁細工　できばい(え)見ては

一人うぬぼれ

藁細工　古く破れて
切れたなら　土にかえして
　花を咲（か）せよ

今の代は　土にかえらぬ
ごみ造り　す（し）まつに困り
　あとが気がかり

農で活きた八十三才の身
八十《やそ》の年《とし》迎い（え）て三年瀬《みとせ》
　春をまつ

　昭和五十八年正月の詩
　　I仁左衛門　印」

「土にかえらぬ」プラスチックごみの海洋汚染が世界的な問題になっている今日である。それに対して、農家の人々が、稲藁やあけび蔓、木の皮などで作った道具類は「土にかえして」、そこに「花を咲かせ」ることができるのである。

今「農村に存する不合理の合理」といったが、長い歴史を自然の中で、自然と取り組んで生きて来て今がある農村と、きらびやかな外見のもと人工物と商品経済に生きている近代あるいは現代の都市との対比ともいうことができよう。

そこで、この本では日本の農村について考えてみたい。農村社会学の文献で知ることができる農村や、私が調査でお訪ねした農村である。農村社会学の文献は、できるだけ原文のまま引用することにした。原著者の個性がそこに現れているかもしれないからである。なかに、引用されている古文書もあるが、それもそのまま引用することにする。読み慣れないかもしれないが、お許しいただきたい。

まず第I部では、以下の引用文の中にしばしば登場する言葉の説明をしておきたい。一族の団体としての「同族団」と、支配行政によって作られたのではない村という意味での「自然村」である。その上で、「歴史を遡って」みよう。まず歴史家の研究に学んで「中尊寺骨寺村」の絵図面によって、「日本農村の原風景」を探る。それから社会学者の歴史研究として、信州長野の元武士が作ったという村の歴史を訪ねてみよう。

その上で第Ⅱ部は、この本のねらいである日本農村の「東西南北」である。まず「東北型」と「西南型」の比較、その上で西日本の農村に見られる特徴的な風俗、習慣、文化などである。そこから一挙に南に行って沖縄農村、また北に行って北海道農村を訪ねてみよう。そして一般の農村では見られない「大家族」と「末子相続」も、日本の自然と歴史がもたらした一つの農村のありかたである。

最後に第Ⅲ部では、東北地方に戻って、私自身が度々お訪ねした山形県庄内地方農村の歴史的変化を見ることにする。日本の典型的な稲作農村の姿である。

I　日本農村を見る視座

「石神村」大屋S家の全家族員。非血縁の召使いも含む26人の「大家族」(岩手県二戸郡荒沢村石神。有賀喜左衛門『有賀喜左衛門著作集』III、未来社、1967年)

第一章 「同族団」とは何か

†山村「石神」

東京駅から東北新幹線に乗って、やがて大宮を過ぎると、水田や畑が現れてきて、その周りに農家が建っている光景が目に入る。東北で育ち今も住んでいる私は、なんとなくほっとして、もうすぐ東北だと思う。

東北地方の農村社会学の調査研究で有名なのは、「はじめに」で引用した鈴木栄太郎とともに日本農村社会学の基礎を築いたといわれる有賀喜左衛門《あるがきざえもん》の「石神《いしがみ》」調査である。(1) 時は昭和一〇年、西暦でいえば一九三五年、今から八五年あまり前である。研究のきっかけは、当時第一銀行など多くの企業を傘下に収めていた渋沢財閥の渋沢敬三が開設した研究機関アチック・ミューゼアム（後の日本常民文化研究所）が、「石神」という名に引かれて開始した調査研究だった。有賀によると、柳田国男の「石神問答」という著作もあって、なんとなく「クラシカルな響きを持っている」地名だったからだという。それにしても、日本を代表するような財界人がその富を利用して研究機関を作り、学者たちの研究を支援するとは、近ごろあまり聞かない話だが、立派なものだと思う。

しかし、有賀は「石神村」と書いているが、厳密には村ではない。江戸時代は浅沢村であり、それに属する一集落だった。明治に入って、地方行政制度の改変の中で何回かの変遷を経るが、明治二三(一八九〇)年に町村制によって二戸郡荒沢村となり、その一部に石神が含まれることになった。以下本文中で「部落」と書いてあるのは、この石神のことである。

その後も町村合併を繰り返して、現在は八幡平市《はちまんたい》となっている。そういってもお分かりいただきにくいかもしれないが、その前は安代町《あしろちょう》、地理的位置は、岩手県の北西部秋田県に近い山間地に位置している。昭和一二(一九三七)年一月に二度目の訪問の機会を得た有賀は、石神への旅を、「私は花輪線の寒駅荒屋新町《あらや しんまち》から一里の山道に馬橇を走らせて、この吹雪の中を石神に向かった。……汽車で受けたスチームのほとぼりはたちまちのうちにさめて、それにかわって凍るような寒さが靴をはいた足先から全身に襲いかかって来た」と書いている。むろん現在では自動車道も通っており、交通はずっと便利になったが、有賀が調査に訪問した頃は、明治の維新から七〇年近く経っているとはいえ、「一里の山道に馬橇」を走らせなければならないような山村だったのである。

†モノグラフ調査

この有賀喜左衛門の著作で研究されているのは、右に紹介した「石神」集落たった一つである。数多くの農村を調査・検討しているわけではない。にもかかわらずそれがなぜ日本農村社会学の基礎を築いた調査研究といわれるのか。それは、この有賀の調査研究が「事例調査」あるいは「モノグラフ調査」といわれる調査研究方法の見事な先例となっているからである。

事例調査あるいはモノグラフ調査とは、一つあるいは若干の対象を事例としてとり上げ、それに対して詳細・綿密な調査を行う方法である。統計的調査は、数多くの対象を調査するから、一つ一つの対象に対しては、ごく簡単なことしか調べる事ができない。しかし多くの対象を調査するから、その結果を統計的に処理することができる。事例調査あるいはモノグラフ調査は、その反対である。少数の対象を取り上げ、そこに展開される人びとの生産と生活の営み、そこに取り持たれる社会的関係が、なぜ、いかにしてそのように行われたのかを納得のゆくまで追跡する。したがって、そこに見られるような自然的・歴史的諸条件があるならば、他の人びと、他の土地でも似たような社会現象が起こると推測することができるだろう。条件が違えば、別様な社会現象が起きるだろう。

このように事例調査あるいはモノグラフ調査は、統計的な意味での代表性は持たないが、右に述べたような意味で一種の普遍性をもつ。私はそれを、統計的一般性に対して、「意味的普遍性」と呼んだことがあるが、(2)そのような役割を果す調査研究が、事例調査あるいはモノグラフ調査と呼ばれる調査方法なのである。むろんこのような、「なぜ、いかにして」を追跡する研究は、人間とその社会についてしか適用できない。しかし人間の行為が織りなす社会を研究する社会学にとっては、極めて重要な方法であり、日本の農村社会学では、これまで、数多く採用されてきた。有賀の石神調査はその先駆だったのである。

いささか理屈っぽい話になってしまったが、ここから有賀の「石神モノグラフ」を読んでみることにしよう。それは、初め「アチック・ミューゼアム彙報《いほう》」(昭和一四年版)という報告書として世に出されたが、今では、『有賀喜左衛門著作集』の第三巻として公刊されている。

†大屋S家

この石神集落の中心になる家は、S家という。現地では、「大屋《おおや》」と呼ばれていた。居宅は、平屋建だが茅葺きの巨大な家屋である。有賀の著書に載っている図面を見ると、一九・五間×八・五間、メートルに直すと三五・五×一五・五メートルである。面積は五五〇平方メートルにもなる。そのほか屋敷内に土蔵二棟の他、木地挽《きじひき》の作業小屋や米搗《つき》場などの附属小屋がある。この家屋に住んでいた血縁の家族員は、当主の善助をはじめ、母、妻、姉、長男とその妻、次

石神「大屋」S家の母屋（有賀喜左衛門『大家族制度と名子制度』有賀喜左衛門著作集Ⅲ、1967年）

男、三男、四男、五男、次女、三女、孫、の一三人だった。そのほか、非血縁の召使S勇吉とその妻、その一男二女の五人、やはり召使Y倉松とその養子とその妻の三人、召使Hイシノ、Hマサ、Hキヨ、甥、召使Hサキ、の一三人が同居していた。合計二六人だから、これを家族と見れば有賀がいうように「大家族」と呼ばなければならないだろう。

この時大屋が自分で経営している田が一町三反（約一三〇アール）、畑が約二町歩（約二〇〇アール）、他に漆器業と木地挽を経営していたというから、二六人からなる経営体だったわけである。労働力にはならない子供を除いても、かなりの規模である。ここで、大屋の耕作地は田よりも畑が大きいが、これは石神が山村だからで、平野部の東北農村はむしろ水田の方が大きいのが一般的である。また、木地挽つまり食器などの日用品の木工や、それに漆を塗って漆器を作る仕事も、岩手県に多い山村の仕事である。なお、大屋は分家に分《わけ》作地《さくち》を貸与していたので、所有耕地は一〇町歩以上もあったようである。

農村社会学では、このような経営を営んでいる家族、いわば家族と経済経営との統一を、一般に「家」と呼んでいるので、この概念を使うなら、大屋はたんに家族ではなく、むしろ「家」である。ただしこれは、明治民法でいう家とは違う。明治民法では、家は家族法で規定されていた。それは、近世江戸時代の武士階級の家をモデルに作られていた。だから男性戸主に「統率される家」であり、家を構成する個人、とくに女性の権利、自主性は二の次とされた。(3)

他面、当時は近代資本主義経済の形成を目指していたから、経済経営は会社法において規定されていた。家についてよくいわれる「古い」とか「伝統的」とかのあり方は、この明治民法でいう家であろう。(4)今日の農家も経営を営んでいる「家」であるが、しかしそれは、「古い」などの形容には当たらない。さまざまに変化してきて、今日的なあり方になっているからである。そのことについては、第Ⅲ部において、山形県庄内地方の事例で見ることにしたい。

もう一点付け加えておくと、有賀のいう「大家族」がむしろ「家」だとすれば、それを「大《だい》家《いえ》」といいたくなるが、しかしこの名称は避けて、ここではただ形容詞を付けて「大きな家」ということにしよう。なぜなら、この「大イエ」という概念は、すでに家族社会学の森岡清美によって「多数の家臣の小イエを重層的に傘下におさめる」大名の家について使われているからである。(5)

†同族団

有賀の報告を読み続けると、大屋の先祖は南部藩の士《さむらい》格の家だったようで、江戸時代の寛永年間（西暦でいえば一六二〇〜四〇年代）にこの地に移り住んで帰農したという。昭和の時代の善助まで一七代になる。その間、周辺に分家を出して集落になったわけだが、分家を出すことを、この地では「カマドヲワケル」という。いうまでもなくカマドとは、煮炊きをするために火をたく設備であり、家の象徴である。そうして成立した新しい家は「別家《べつけ》」とよばれた。

「大屋においては、昔は長男が相当の年配に達すれば、父親の代わりに召使いを指揮し農耕に当たったが、次三男は他家の婿養子とならないかぎり、長男に従い農事その他の仕事に従事し、年頃になれば嫁を貰って、依然として父母の家に同居した。子供が生まれても相当の年配になるまでは分家しないのが普通であった。別家に際しては、家を新築して貰い、屋敷、耕地、山林などのほかなお家財道具は身分相応に分与されたが、本家の全財産を次三男に等分するというようなことはなく、本家の財産に比しては遥かに小額な財産を与えられ、分家後、本家と対等の付合《つきあい》ができないのが普通であった」。そのような別家は、有賀の調査時に九軒あったが、そのうち二軒は石神ではなく、近くの中佐井という集落にあったようである。

先に見たように大屋には非血縁の召使が同居していたが、かれらは「尋常科（小学校）卒業後」に、「その親から成長の上は名子《なご》にして貰いたいと希望し、その約束で召使となるのが普通である」。有賀が調査した昭和一〇（一九三五）年の頃、名子分家は、一六軒あった。そのうち六軒は江戸時代に分家し、残り一〇軒は明治になってから成立した。

有賀は、家々を包摂するこのようなあり方を「大家族形態」と呼んでいたが、後に及川宏《おいかわひろし》に従って、「同族団」と呼ぶようになった。及川は、近代になってからは岩手県に属していた「旧仙台領増沢村」（後の江刺郡岩谷堂町、現在の奥州市）の調査結果に基づいて、「家族よりは一段高き序列にある、より広き家族的結合」を「同族組織又は同族団」と呼んだが、(6)有賀も、この提案に従って、「この集団を家単位の互助組織としての同族団」と規定し、さらに「単に農村に限らず、日本の社会構造の性格を明らかにするためには、同族団は最も重要な集団の一つとして見るべき」である、とまで述べている。(7)

ここで注意しておきたいのは、有賀が、この石神の事例を「日本の社会構造の性格を明らかにする」ことを狙いとして描き出そうとしていることである。この有賀の研究が示しているように、農村社会の実態を明らかにすることによって、「単に農村に限らず」、日本社会全体に潜む特徴を把握しようとして来たのが農村社会学だったのである。しかし同族団は、以下に次第に見て行くように、時代により地方によりさまざまであって、有賀が紹介した「石神」の同族団はその一つの事例であることを忘れてはならないであろう。むしろ、同族団がそれほどの重みをもつことのない集落も少なくない。そのような様々な事例を取り上げ通観することによって、「日本の農村」の特徴をつかみ取ろうとするのが、この本の狙いなのである。

†名子と作子

さて、石神モノグラフに戻ると、大屋の名子には、「分家名子」と「屋敷名子」という二種類があった。分家名子は「前述したように、大屋に召使していたものが分家して名子となった者である。屋敷名子は、大屋から屋敷を借用することにより名子となったものである。……分家名子は、エコ（家子）ともよんでいるが、分家に伴って、名子には大屋から家屋が与えられ、さらに全収穫を名子の自用に供することのできる役地《やくず》が与えられる。そのほかに分作地の貸与が行われる」。なおここで分作《わけさく》とは、土地の貸し主（地主）と借り手（小作人）とが、約束した一定の割合、石神では半々、に収穫物を分け合うことである。

「屋敷名子は大屋から屋敷を借りても、その家は自分で造らなければならない。そして、名子となれば分家名子より少ないが役地も受け、さらに分作の耕地も借りる者が少なくない」。大屋から配当した屋敷の広さはいろいろで、広いもので一八六坪（約六一五平方メートル）から、狭いもので二六坪（約八六平方メートル）まであって、必ずしも一定していないが、「普通サイモノバタ（菜園）が附属しており、その作物はすべて名子が自用することが許されている」。血縁分家の別家も分家名子や屋敷名子をもつことがあったが、その数は少なく、一〜五軒程度だった。

名子の家屋の大きさは、「五間―三間半ぐらいから八間―五間ぐらいまでのものが最も多い」。つまり九メートル×六・四メートルから、一四・五メートル×九メートル程度であり、座敷と囲炉裏《いろり》のある居間、寝室、ちょっとした作業場を設けている程度である。分家名子の家には「造作《ぞうさく》」つまり建物内部の床や棚などはつけてやり、鍋、釜、食器、炊事道具一式、夜具、布団なども与える。ただし、家には畳はつけないので、名子は能力あるものは自分で調達するが、それができない者は、冠婚葬祭の際などは、畳を大屋から借りて来る。しかし屋敷名子の場合は、家屋の建造においては大屋から何の助力も受けない。ただ、役地として屋敷を与えられ、田畑の役地も与えてもらうことが多い。

分家の際、名子に与えられる土地は、稲田は「1 役地（全収穫を名子に与える土地）二人役くらい（一人役とは五、六畝）」、つまり約五〇〇平方メートル程度、「2 分作地（刈分小作地）三人役くらい」、畑は「1 役地一段歩ないし二段歩　2 分作地　適宜」である。ただし、これは「法律上の所有権の譲渡ではなく、慣習である」。ただ、「別家の場合はその土地は分家の際に大屋より譲渡されて、登記もし、別家の所有となる」。名子に山林は与えないが、「差支えのない範囲で、柴、薪の採取を許すことが通例であった。現在は官有地の払下げがあるからこのことはない」。

その他、「地主から耕地を借りて耕作し一定の現物または労力をその賃貸料として出すいわゆる小作人」もあり、これを「作子」と呼んでいた。名子は、「その屋敷を所有する地主との関係を指す」のに対して、作子は、「屋敷以外の土地を借りて耕作する場合にその地主との関係においてそう呼ぶ」のである。だからこれらの関係は錯綜していて、石神以外の集落に住む地主、あるいは作子の関係もあった。

†スケとユイ

大屋と別家、名子との間の労役、手伝いの関係をスケという。「大屋から別家に対しては、分家の際に相当の財を分与してあるので、その他の経済的援助を日常行うことはない。……農耕に関しては平素はまったく何らの関係がなく、別家からスケを大屋に出すこともない。……農耕以外の屋根葺、建築、婚姻、葬式、出産、病気、災害などの場合には、別家と大屋との間にスケアイが行われる。しかし、病気や諸種の災害により農事が非常に後れた場合には、農事についてもスケアイをする」。

名子や作子は大屋にスケに行く。スケの量は借地の大小に正比例しない。「農事のスケは、田打、田搔き、田植、草取り、稲刈、稲上げ、稲扱《こ》きに出す。各事項について一般に名子は二日くらいずつ出す。このほか薪きりがあるが、一日一人一《ひと》モリすればよい」。「家事用は家の雑用であって、たとえば煤掃き、餅搗、屋敷の草取、片付けなどである」。ただし「作子のスケは農事に限られており、スケの量は名子の約半分である」。「田掻きには大屋は自家の馬だけでは足りないから、名子に、馬人来いと命ずれば、人二人馬一匹がスケに来る」。「スケの日には、三食とコビリが大屋から出る。……食事はほぼ一定しており、稗飯（米と稗が半々）、味噌汁、コウコウが普通で、たまに塩肴がつく」。なおここで、「馬一匹」に対して「人二人」とされているのは、馬を扱う人と、後ろからついて行って鋤《すき》などの農具を扱う人が要るからである。

「名子や作子から大屋へスケに行くのに、誰が行かねばならぬという厳格な定めはないから、仕事が激しい労力を要するならば、一人前の男（一七、八歳以上）が行くが、そうでなければ女や子供が来ても、または年寄が来ても大屋では大目に見ている」。「スケに来た帰りに名子や作子は大屋から藁を貰い背負って行く。スケには賃金はないが、こうした余得はある」。

「名子または作子の借りている分作地の分作の対象となるものは主要作物だけであって、その作物の間に作るものは名子または作子の所得になる。たとえば稗畑の稗の間に豆を作るとか」である。「節季の祭日に名子は大屋に行きご馳走を食べて遊ぶことがある」。それは暮三〇日とか、正月一、二日など、年に一四日ほどある。

名子や作子と違って「召使家族は大屋に同居するのであるから、その労力のほとんどすべてが主人のために使役されるのは当然であり、その労働の範囲は農耕、山仕事、木地挽、漆器業、家事の全般にわたっている」。しかし「休み時間（昼休み二時間位、夜夕食後）と休み日（年中行事の祭日など年に三〇日程）とが定まっていて、その間を彼ら自身の稼《かせぎ》仕事に当て、その収入を自分のものとすることが許されている。これをホマチという」。その他、平素主家から与えられるのは、三度の食事とコビリ（午後の間食）、被服（労働着と普段着）、女召使には二、三反分位の麻糸、男召使にはホマチの藁細工用の藁を自由に使わせる。

大屋との関係ではなく、「名子や作子の間で、農耕やその他の仕事の上で労力の互助交換をすることをユイコあるいはスケアイという」。たとえば、草取り、畑蒔き、田植、豆打、稲上げ、稲扱き、繭かき、味噌煮などの場合である。ただここで気になるのは、ユイコについて「大屋以外の田植は、田植前に部落でその日と組合わせを定めるから、時に他の家の田植とかち合い……」と書いてある点である。また「すべて田植は、田ゴシラエ（田かき）の前に各戸の田植日割を部落で定めるので、その際ユイコの組合せも決定する」という。この「他の家」が大屋だったら、「馬人来い」といわれれば部落の定めた日であっても行くのだろうか。気になるといったのは、大屋の権力と部落の定めとの関係の問題である。戦後になってから過去を振り返っての記述だが、「戦前には名子や作子の経営は一般に小さかったし、農繁期には大屋に対して優先的にスケに出たので、そのあとで数戸間でユイコをした」とある。やはり部落の定めより、大屋の権力が優先していたのである。

†集落の同族団支配

以上見てきたように、石神では、大屋S家を中心とする同族団が、住民の生産と生活を大きく支配していた。記述が錯綜しているので難しいが、数えてみると、有賀が最初に訪問した昭和一〇(一九三五)年、石神の総戸数三七戸、大屋一戸の他、その血縁の別家が五戸、孫別家が二戸、大屋の召使から分家した分家名子が一二戸、屋敷を借りている屋敷名子が四戸、別家の分家名子が二戸、別家の屋敷名子が五戸ある、ここまでで三一戸。その他に作子が三戸ある。これで三四戸となり、石神集落はすべて大屋になんらかの関わりのある家で形成されていたと見ることができる。

振り返って要約すると、まず大屋の家は、血縁者だけでなく、非血縁の召使いをも含む大きな集団であり、これらの人びとが農耕を始め木地挽、漆器業などの家業に従事していた。その全体が大屋S家という大きな家を形成していたのである。そして、大屋は血縁者に土地・家屋などの一定の財産を分与して、新しい家を作らせ、これを別家と呼んでいた。彼らは、むろん大屋に付き従う家であった。また、非血縁の召使いも、初めは大屋に住んで農耕などの仕事に従事していても、やがて一定年齢になれば嫁を迎えて、家屋を与えられ、耕地を貸し与えられて分家するのだった。分家した後も、スケと称して大屋の農耕などの仕事に従事し、仕事の日は、食事も与えられた。彼らは名子といわれた。小作人の作子の場合も、名子よりは少ないが、やはりスケに行った。

こうして見ると、大屋が大きな家といっても、その成員だけで家業経営を成り立たせているわけではなく、必要な労働力を名子に依存しているのであって、それ自体独立した経営を営む家といえるのかどうか。名子には、食事などを与えるにしても賃金はなく、行くのが一人前の労働力でなくとも大目に見られる、というのだから、家の経営に不足する労働力を雇傭労働によって補っていると見ることはできないだろう。

他方の名子も、独立の一軒の家と見ることができるかどうか。たしかに名子は分作地を貸与され、家族でそれを耕作しており、またヤクズが与えられ、その収穫物は自用にすることができる。これだけを見ると独立の経営を営む小作人と同じように見えるが、しかし、「名子に割り当てられた耕地は、彼の生計を立てるには充分なだけあるのではない」から、大屋にスケに行くことによって、食事を与えられるなど生計の上での補助的な依存が必要である。これを一般の地主小作関係と同じと見ることはできないし、また、自家の経営だけでは生活費が不足するために賃労働に出る、いわゆる兼業農家と同じと見ることはできない。それ自体の家業経営だけではなく、大屋の家業に参加することで生活しているのだからである。同族団そのものが、一つの生産と生活の組織をなしていたともいうことができよう。後の有賀は、大屋と名子の関係を「一種のオヤカタ・コカタ関係（一種の主従関係）」としながら、そこに広い意味における「物心両面の相互給付関係が濃密に生じていた」とのべている。それは、「他に生活保障の手段のない日本の政治的・経済的・社会的条件の中で、一種の利害共同団体としてのマキ（同族団）を結成したことを示すもの」なのである。

†同族団支配の解体、そして農地改革

しかし、日中戦争が激化しつつあった昭和一五（一九四〇）年に石神を訪問した有賀は、大屋の漆器業の廃業、「大家族」も解体されて七人の直系家族になっていることを見出している。漆器業は、戦争によって中国からの漆の輸入が途絶えたことなどによるコスト高で廃業せざるを得なかったし、また、戦時の召集等によって労働力不足となり、召使や、名子が大屋に出すスケも大幅に減少せざるをえなかったのである。こうして、農地改革の前にすでに「大屋にとって、この家始まって以来の最も苦しい時期」を迎えることになる。この苦境を支えたのは、病身であった当主善助の妻コトと長男未亡人ハナの努力であったといわれている。特にハナは岩手郡好摩《こうま》町の旧家出身で「苦労も知らぬ生い立ちながら、慣れぬ農業にも率先して努力し、相当な成績をあげ、老父母と二児を守り抜き、帰還して来た弟たちを快く迎え容れて、戦後の

生活の苦難をよく凌いだのであった」。

この間、日本の農村では、敗戦後の昭和二二（一九四七）年以降、農地改革が行われる。他人に自分の所有地を貸し、小作料を取っていた地主は、法令によってその土地を小作人に解放させられたのである。手続き的には、国が地主の土地を買い上げ、小作人に譲り渡すという方法をとった。この改革の後、有賀はまた石神を訪ねていた。昭和三三（一九五八）年、昭和四一（一九六六）年の訪問の際は、農地改革による変化が「私に与えた印象は最も強烈であった」。改革によって大屋が解放した農地は田が約一五町二反、畑が三四町、合計四九町二反（約四九・二ヘクタール）、解放対象者は二二人であった。

ただ、農地改革によって宅地解放は行われなかったが、しかし大屋と旧名子との関係は全く変わっている。「それは解放が農民組合の主導権の下に行われたことと、農地の解放が行われたことに裏付けられて、旧名子の人々の、名子としての意識はまったくなくなったらしい」。こうして宅地解放が行われなかったにもかかわらず、「ほとんどの名子は大屋に対する一方的なスケを出さなくなった」という。

†農地改革後の大屋の経営改革

農地改革後の石神の各戸については、あまりに詳細になるので省略するが、注目したいのは、戦時中樺太（サハリン）に行っていた大屋S家の次男方男《みずお》が、帰郷後、努力を払った経営改革である。「方男は帰還するや、当時、人心の混乱にあった石神の農家の人びとに強い失望を感じ、新しい農業経営の方式を取り入れることによって、自家の立て直しを計ることに胸をふくらませた」。それを支えたのは、やがて彼と結婚した「亡兄未亡人ハナの絶大な支持と一家の期待」であった。そして、「昭和二三（一九四八）年に竹下式動力耕耘機（二六万円）と動力脱穀機、動力精米機、籾摺機、発動機などを購入して、名子のスケに期待すべくもなくなった労働条件の下で、新しい経営方式をうちたてることに専念した」のである。これらの彼の努力は「次第に実を結び、田畑の収穫も数段の冴えを見せ……米の収穫はついに反当三石（一〇アール当り約〇・五m^3）を超えた」。

ちなみに米どころ山形県飽海《あくみ》郡でも平均反収三石を越えるのは、昭和二九（一九五四）年だから、この時期、反当三石とは目覚ましい躍進というべきである。さらに大屋の経営革新は「単に機械化したというだけでなく、昭和二三（一九四八）年には乳牛三頭を入れて、酪農を経営し、畑地にも若干牧草を栽培しはじめた。……また、二三年からりんご栽培もはじめている」。

「大屋の耕耘機の能力に驚いた石神の人びとは羨望の念を抱きはじめ、耕耘機作業を大屋にたのむものが次第にました」。耕耘機の作業を依頼した家々は、「お礼として大屋に品物を贈るか、そうでないものは石油代の八割を出すか、もしくは田植にスケに出るかであったが、大屋ではスケに対しては少々のお礼があった」。また、「大屋から脱穀や精米の作業をしてもらったものが、それに対して親子で田植に二日スケに来たとしても、はたしてそれで脱穀・精米の作業に充当する値段であるかどうか疑問である」。それが「脱穀・精米の作業に充当する価値を持つと仮にみなしても、旧名子の場合には戦後も宅地の地代を全く支払っていないので、そのくらいのスケでは十分な反対給付となりえなかった」。

このように、大屋を中心とする石神の同族団は、戦時経済の混乱、そして戦後の農地改革によって、大きく変貌させられたのであった。かつて大屋S家を中心として、ほとんど一つの経営体ともいえそうな「まとまり」を示していた石神の同族団は、その統一性は解体したが、しかし新たに再興された大屋の耕耘機による他家の耕作など、一部の家に関してはある種の「まとまり」が見られる一方、それぞれの家の性格、条件によって、個別の結合も生まれ、まことに複雑な様相を示すようになった。

しかし、大屋に耕耘機等の機械作業を依頼した場合の謝礼が、家により場合によってさまざまになっていることが目を引く。自家労力によるスケで返す事例もあれば、石油代の八割とか、作業料金の徴収とか、多様なのである。耕耘機など農作業機械の普及期にはそれによる作業を依頼する事例が各地で見られたが、一定金額を定めて「賃耕」として行われることが一般的であり、相手により、場合により様々であるという石神のような事例は、私が調査したところでは見られなかった。これは、大屋の支配的な統制力はなくなったが、しかしその精神的な威信が何程か残っていて、相互の行動を、経済計算で判断する思考様式が形成されていないことを示すものといえよう。

†旧仙台領江刺郡増沢村の同族団と組

先に、有賀が、はじめ「大家族形態」と呼んでいた石神の大屋S家を、及川宏の見解に従って「同族団」と呼ぶようになったと書いたが、その及川の調査研究とは、「旧仙台領増沢村」(後の岩手県江刺郡岩谷堂町、現在の奥州市)における調査であった。

この増沢には、集落内に一〇の同族団があった。集落の戸数は一二九戸、これらの家が、大きいものは一七戸、小さいものは三戸の同族団に分かれて存在しているのである。ここで同族団というのは、村の中の有力な家が、土地などの家の財産を分与して新しいもう一軒の家つまり分家を作り出して、それらの本家と分家が結びついて作り出す家連合のことであるが、及川によると、ここ増沢村では「村内の生活に於いて最も力強い組織は同族である」という。

この地方では本家は普通「ショウヤ」という。これに対して分家は「ワカレ」であり、または「シンタク」、「シンヤ」という。一軒を本家とする同族の家々は相互に「エドウシ」であり、その全体は「エドウシマケ」である。「エドウシマケの結合は強固である。その多くは同族神を祀り墓地を共同にしており、日常は吉凶禍福を共にする。婚姻は婚姻当事者を中心とした人と人の関係であるが、同族は、家と家との関係である」。これら同族団は結合が強固であるから、「内部に於けるヒーラルキーの確立」も生じる。「正月や盆には必ず分家より本家を訪ねるは勿論……日常も本家主人が分家を訪ねる時は、分家の主人はヨコザを譲るのが一般の例であった。一族全体の会同においてもこの原則は守られる」のであり、たとえその家が貧しくなっても、また本人が幼年であろうとも、「横座を背負う」のは総本家であり、次にその直接の分家、孫分家の順で着席する。ここで「ヨコザ」(横座)とは、一般にいろりの正面奥、土間からは一番遠い席で、一家の主人が座る席である。横座から見て左手はカカザ(嬶座)で、主婦が座る席であった。横座の右手が客座で、来客を招き入れる席である。横座の反対側、土間に一番近い位置はキジリ(木尻)と呼ばれ、一番の末席であり、子供たちが座るなどしていた。

他方この増沢には、同族団とは別に七つの「組」があった。これらの組は、「互助機関」であり、「農耕上の主なる作業を共同にする」という。例えば「田植、稲刈等」であり、それに伴う儀礼も共同で行われた。また、墓穴掘り、屋根葺きなどは、同族のものと共に組のものも協力した。こうして及川は、組の営む「機能は一言にすれば合理的な側面である。……各戸はその義務と権利の限界を明らかに知っている」という。「エドウシ」は「一家の如く」であり、

「無制限な依頼心を生じ易いが、組に就いては此事は許されない」という。「納税、衛生施設等の組合」、「農事改良」なども、この「組」に基づいて行われていた。

この増沢村の状況は、これまで見て来た石神村とはかなり違うというべきであろう。石神では、大屋S家の下に、血縁分家の「別家」、奉公人分家の「名子分家」、あるいは「屋敷名子」、「作子」など性格と待遇の異なる様々な「分家」があって、それぞれが異なる待遇の下に大屋と結びついて労働と生活を送っていた。大屋に対する関係は従属というべきか、また食事の施与などもあったから依存というべきか、難しいが、独立した生産と生活を送っているとはいい難かった。逆にいって大屋も、「分家」のスケがなければその経営と生活は成り立ちにくく、これも一軒だけで独立した家とはいいにくかった。それほど、大屋と分家の関係は密接なのである。しかし、戦時中、そして戦後になれば、この石神の同族団も大きく揺らいだのであった。

これに対して、増沢では、本家と分家の関係は密接といっても、同族団の他に組があって、さまざまな協力関係が営まれており、本家だけと結ばれているわけではない。本家もまた、組の一員として他の同族に属する家とも協力関係を結んでいる。要するにここでいいたいのは、本家・分家関係で結び合わされた同族団といっても、地域により時代によって、その関係は様々であり、そのような様々な関係によって、その地域的、歴史的な条件の中で、人びとは生きていたということなのである。なおここで、「組」といわれる家々の関係については、後に

第四章において見るように、福武直が「西南型」の農村の重要な要素としているので、注意しておいていただきたい。

第二章　「自然村」とは何か

†「自然村」としての「部落」

鈴木栄太郎が、日本農村社会学の基礎を築いたもう一人といわれるのは、その「自然村」概念によってである。鈴木は、日本の農村には「行政上の地方自治体やいわゆる聚落ではなくして、一つの自然的なる社会的統一」があることに注目する。それは、行政によって人為的に定められた村ではなく、また、家々が近い距離のなかにただ集まっているというだけでもなく、農民たちの生活と生産のなかで自然に生み出された統一的なまとまりを持つ社会的範囲である。そこには農民たちの社会関係あるいは社会集団が累積しているが、それらはただ重なり合っているというだけでなく、統一的なまとまりをもっている。農村社会学の研究対象は、このような「自然的なる社会的統一」としての「自然村」だというのが鈴木の主張だった(1)。

鈴木の主張は、日本でまだ農村社会学というものが確立する前、それをなんとか独自の学問領域として成立させようという狙いで語られているので、外国、とくにアメリカやドイツの社会学者の主張を援用しながら述べられていて、かなり難解である。例えば、この自然村について、農民の社会関係や集団累積の「基礎に個性的なる社会意識内容による制約の自足的組織を認むるのであって、この自足的組織こそもっとも狭義における自然村という一社会類型の本質をなすものと思う」と説明しているが、なかなか難しい。が、そこでいいたいことは、単に社会関係や集団が形式的に重なり合っているというだけでなく、そこに住む人びとが他とは違う独自の社会意識によって結び合わされ、自分たちでまとまった組織をなしている、ということであろう。

しかしこの「自然村」とは学術用語であって、その範囲は、一般には「部落」あるいは「大字《おおあざ》」と呼ばれていた。鈴木もそれは認めており、その範囲は「江戸時代の村に何らかの関係を有している」と述べている。しかしここで「部落」といわれている言葉は、差別用語として使われた部落ではない。江戸時代の「村」が明治の町村制施行以後、いくつか合併されて新しい行政上の「村」が設定され、江戸時代の村の地域的範囲は行政的には「大字」といわれ、そこに住む家々の集団は一般に「部落」と呼ばれた。

この「部落」という呼称は、明治一一（一八七八）年の郡区町村編成法施行にあたり、山県《やまがた》有朋《ありとも》が旧来の町と村を「自然ノ部落ニ成リ立ツ」と説明したに始まるという。その後明治二〇

（一八八七）年、町村制の準備過程で、モッセのドイツ文草案にあったゲマインデの訳語として、荒川邦蔵《あらかわくにぞう》が「部落」の字を用いたとの指摘もある。(2) このような中央政府における用語が、いつ、どのようにして農村地帯に広まっていったのかは不明であるが、町村制施行以降と見ることに誤りはないであろう。つまり、藩制村や明治初頭の村が町村制によっていくつも合併されて、大きくなってしまい、これまで農民たちが慣れ親しんできた農家集団を村と呼べなくなってしまったので、それに代わる呼称として部落という言葉が使われるようになったものと思われる。

†「三重」の社会地区

さらに鈴木の記述を読み進めると、部落のなかには、多くの場合「組」あるいは「小字《こあざ》」と呼ばれる部分集団があることに注目している。また、右に述べたように、いくつかの部落を包括する行政上の「村」がある。こうして、「農村界」の集団累積地区は、「三重」になっている。鈴木は、「組」あるいは「小字」の範囲を第一社会地区と呼び、「部落」あるいは「大字」を第二社会地区、行政上の村を第三社会地区と呼んでいる。しかも注意すべきは、自然村は「高い障壁」をめぐらした「孤立無援の孤島」ではないということである。例えば「販売圏・購入圏、文化的施設利用圏、通婚圏、官制的集団」などは、自然村を超え出て比較的独立した地域圏をなしている。

このように、鈴木は、農民たちの生産と生活の共同の組織としての「自然村」を強調して、それこそが農村社会学の研究対象だと主張しているのであるが、しかしそれは決して孤立しているのではなく、行政上の村と、あるいはさらに広い範囲の経済的、行政的、文化的等々の関係によって取り囲まれていることを指摘していることに注意しなければならない。有賀の「石神」モノグラフが、大屋S家を中心とする同族団の独自の生産と生活の営みをみごとに描き出しただけに、農村社会をなにか外の世界と切り離された、独自の、自立的な範囲として描き出すことが、農村社会学のモノグラフの方法であるかのような誤解もないわけではなかった。有賀もそう考えたわけではないし、むしろかつての社会学者の農村社会観からする認識不足だったと思う。

†江戸時代の村

鈴木は、自然村は江戸時代の村と「関係を有している」と述べているが、江戸時代の村は、それ自体支配行政上の単位として設定されたものなのである。歴史家の大島美津子《みつこ》によると、江戸時代つまり近世の村は、「一七世紀半ばごろ行われた領主の『村切り』政策によって成立した」という。ここで「村切り」とは、領主によって行われた支配と年貢徴収のための、一定の土地範囲の区割りであり、その土地をそこに住む農民によって耕作させ、そこで穫《と》れる収穫

物から、領主に年貢を納めさせようとする政策である。これを「村請制《むらうけ》」という。(3)

しかし大島は、「近世村落はただ単に領主が支配するための行政単位だったわけではない」と指摘する。「村切り」によって作り出されたという側面とは別に、農民の地域社会は、生産と生活を営むための一定のまとまりをもっていた。「稲作を中心とする当時の農家は、村を単位とした用水・入会《いりあい》林野の共同利用に農業のいとなみとくらしの多くをおっていた。代《しろ》かき・田植えの際の水引き、中干し・地干しの際の水おとしなど、稲作には欠かせない水を村の約束どおりに使い、水路や堰を村民全部で守る。入会地の草刈り、薪炭材の伐りとりなども村民間のとりきめを守って共同に利用する。また田植え、本田耕起、虫害防除、脱穀など、米作りには相互の助け合いを必要とする作業が多かった。その他、祭礼、婚礼、葬儀、建築、屋根のふきかえなど、農民は日常生活でも相互に結びつきながらくらしをたてていた」。鈴木のいう、「自然村」である。

このような、農民たち自身のまとまりを利用しながら、その上から支配・行政の単位としての村を置いたのである。このような上から設定された村と、農民自身の共同・協力の組織としての村との相違と関連とについては、後に第Ⅲ部において、山形県庄内地方の事例によってやや詳しく見ることにしよう。

†日本農村の「伝統」的・「半封建」的理解

ところで、前章で見た石神の状況と、鈴木のいう自然村とはずいぶん様子が違うように見える。石神は大屋S家を中心とする同族団が全体を覆っていて、鈴木のいう「三重」の構造はどうなっているのか、なかなか見分けにくい。鈴木は、日本で農村社会学を成立させるために、欧米社会学の諸概念を検討しながら、「自然村」概念を導き出していた。

しかし、鈴木は、大学卒業後、岐阜高等農林（後の岐阜大学農学部）の教授をしており、中部地方など各地の農村の調査研究を行っていたので、その自然村概念の根底には、自らの調査研究からえた日本農村についての認識があった。そのような認識からすると、有賀が描き出した石神は、「今日わが国の農村一般にみられるものでなくきわめて著しき特例」であり、そこに見られる「尊卑意識の制度化」などは、「極めて異数の例」だという。私も、それは「異数の例」だと思うが、しかし、当時、石神モノグラフには、広い関心が寄せられた。それは、昭和期の戦前から戦後にかけては、農村を何か旧い、伝統的社会と見るような雰囲気があり、それらの社会的・学問的な雰囲気が、石神モノグラフに様々な分野の研究者たちの関心を引き寄せたのであろう。

そのような農村理解には、しかし、それを肯定的に見る立場と否定的に見る立場とがあった。

例えば柳田国男は、「民間」つまり「有識者の外」で「文字以外の力によって保留せられて居る従来の活き方、又は働き方考へ方を、広く人生を学び知る手段として観察して見たいのである」として、「民俗学」を提唱した。[4] この、有識者つまり知識人の外にある「民間」として柳田が見つめていたのは、主として農村だった。

このような柳田の日本民俗学の提唱は、当時の農村社会・文化への肯定的理解の上に立っているといえようが、これに対して、かつての経済学の一部などには、戦前・戦中の農村を「半封建制」の支配下にあるものとして否定的に見る立場があった。例えば山田盛太郎は、「第二次世界大戦における軍事的半封建的・日本資本主義」と「その基盤たる半封建的・地主的土地所有」と書いているが、これで見ると、大屋を中心とする石神の状態は「半封建的・地主的土地所有」の一類型と規定されることになるであろう。[5]

しかし、たしかに地主制は石神だけでなく日本農村に広く見られたが、それを、昭和戦時期日本の軍国主義的支配体制の「基盤」として実証的に説明することができるのだろうか。有賀の克明な石神モノグラフを見ても、それを日本資本主義の「軍事的半封建的」性格に結びつけて、その「基盤」として説明するのは、かなり無理があると思う。日本がかつて「軍事的」国家を作り上げ、アジアの国々を侵略して、国内外の人びとに多くの犠牲を出したことは事実であるにしても、そのことの基盤を農村に求めることは、明らかに間違いである。むしろ農村の人びとは、食料供出や徴兵などによる犠牲者だったのである。だから、この本では、農村社会学の中にも忍び込んでいる、そのような日本農村に対するイデオロギー的批判の観点をできるだけ排除して、具体的な事実に関する記述を拾い上げ、「日本の農村」の姿を描き出すことにしよう。

†農村に見られる諸集団

鈴木栄太郎は、これまで参照して来た『日本農村社会学原理』のなかで、さらに「わが国の農村地方における人びとの構成している集団」として、以下の一〇種類を挙げてそれぞれについての説明を行っている。

「一、行政的地域集団
二、氏子《うじこ》集団
三、檀徒集団
四、講中集団
五、近隣集団
六、経済的集団

七、官設的集団
八、血縁的集団
九、特殊共同利害集団
十、階級的集団」

まず第一に、「行政的地域集団」について。「今日わが国の農村における行政的地域集団は、町または村であるが、現在の町村の地区がほぼ確定したのは明治三十年頃であって、維新後何度も分合されたものである」。その間の事情は様々だが、「しかしほとんどいずれの村においても現在の町村の地区は旧幕時代の村の若干を合体したものであって、旧幕時代の村の一部分ずつを集めて、現在の町村をなしているところはほとんどないようである」。その「旧幕時代の村は、原則的に私が自然村と呼び得るものであるから、その若干の合体よりなる現在の町村は、全然機械的な地域区分の上にできたものではない。それはいわば自然村の連合である」。しかしそれ自体は、「自足的組織」としての自然村とはいい難い。

しかし鈴木によれば、「人の自然的結合を重く見る人が、ややもすれば今日の町村を単に行政的な地域とのみ解せんとするのは、いきすぎた考えである」。のみならず「今日の町村は、既に少なくとも四十余年の歴史」をもち、そこには、上から作られた集団だけでなく、多くの個人間の社会関係も次第に形成されてきているので、それ自体社会関係の累積的統一をなしていると認めなければならない。そこで鈴木はこの範囲を第三社会地区と名づけたのである。鈴木がこのように述べている昭和一五（一九四〇）年から、現在はさらに八〇年経過している。しかもこの間、幾度かの行政制度改革、市町村合併が行われているのであり、それらのどの範囲に、どの程度の「社会関係の累積的統一」が認められるかは、慎重に検討されなければならないであろう。

第二に「氏子集団」について。鈴木は、「わが国の自然的地域社会のいわば客観的象徴として神社の重要性は極めて大である」と見る。「旧幕時代の村には、当時各々その氏神があった。その下の小字や組等にも……その共同の神社、あるいはなんらかの俗信の対象があったようである」。「今日の自然村の氏神は本質的に産土神《うぶすながみ》であって、郷土の神、すなわち、村の神である」。このように、自然村にとって氏神は、その共同にとって重要なのであるが、鈴木は、当時の社会的動向として、「国家神としての性格が著しく村々の氏神に加わりつつある事も見逃すことはできぬ」と指摘しながら、しかし「ここではその問題性を暗示するだけに止めておく」としている。日中戦争がすでに開始され、太平洋戦争を目前にして上からの国家支配が強力になってきているこの時期、鈴木のこの指摘は、慎重な表現ながら、極めて重要といわなければならない。

第三に「檀徒集団」。これも信仰に基づく集団だが、鈴木は、氏子集団とは「いろいろの意味において著しくその社会的性質を異にしている」という。つまり、神社は地域社会と密接に結びついているが、「寺は地域社会の地域的範囲にはほとんど無関心である」。それは、「全く異様に思われるくらい」だが、日本の村は「宗派的信仰において自由であった」。むろん江戸時代の宗門改帳には、所属する菩提寺が記載されているが、それは血縁集団との関係で所属が決まり、檀徒は地域的範囲とは無関係である。だから、同じ村でも、いろいろな寺の檀徒が併存することが珍しくない。この点については、第八章において、山形県庄内地方の事例によって見ることにする。

第四に、「講中集団」。鈴木は、「今日わが国の農村における集団類型のうち、講となづけられているものほど、その数において多いものはないであろう」といい、「その組織や機能も多種多様で、講とはほとんど自然発生的な結社というほどの意味に解されていると思われるくらいである」と述べている。たしかに「講」と呼ばれる集団には様々あって、理解しにくいので、後にやや詳しく見ることにしよう。

第五は、「近隣集団」であるが、鈴木によると、「都市の郊外における場合の如く、集団の組織を有せずその成員の範囲も明確でなく、わずかに相互に好意期待の存する関係にとどまる場合もあるけれども」、……日本の農村においては、「近隣は統一あり組織ある団体をなす場合が多い」。それは例えば、右に挙げた講組・講中などと呼ばれ神仏に関する講を地域的に組織する場合がその例である。このような近隣団体は「一般に第一社会地区と同一の圏」をなしている。

第六は「経済的集団」。鈴木が、その例として挙げるのは入会山・入会地の「土地総有団体」、また「無尽講《むじんこう》」、あるいは産業組合の下部組織や養豚組合などの「農家小組合《こくみあい》」などである。鈴木があげるこれらの例のなかには「自然村」における人びとの協議・契約に基づく山野の共同利用組織と、いわば近代的な「個人主義精神の上にたった経済合理主義」に基づく組合組織とが、「経済的」という理由で一括されているが、しかし鈴木は、後者も、「村の社会構造と村の精神の伝統への妥協」を予想しているはずとして、いわば「自然村」のまとまりと「協同組合」組織との区別と融合の関係に注目している。

第七は「官設的集団」。鈴木によると、「ここに官設的集団というのは、実質上町村自治機関を通して国家的中央機関の関与・指導・保護のもとにある集団で、小学校、青年学校、青年団、女子青年団、在郷軍人会分会、警防団、婦人会等が意味されている」。これらは、「比較的に全国画一的なる組織と機能をもつもの」であり、「自然村の独立性はあまり問題にしていない」。青年団などには、「古くより存した若衆組の変容」と見られる事例もあるが、官制的組織は、「古いそ「明治以後主として欧州文化に存する制度や思想を原型として模造したもの」であり、「古いそして地方的な伝統と調和すること少く、ほとんどそれを無視して成長して来たように思われる」。

しかし鈴木がいうように、行政村を単位としながら、「自然村の封鎖性、対外的・敵対的性質をもっとも融解せしめたもの」は、「おそらく小学校」であったろう。自然村のなかで育った子供たちを相互に交流させ、より広い世界に目を開かせる役割を、複数の自然村をまとめて行政村範囲で開設された新しい小学校が果したであろうことは想像するに難くない。

第八は、「血縁的集団」。鈴木はここで、「家族とその成員間の関係は除外して考える」として、「親戚」の他、「マキ（マケ）」、「株内」など「原則的に本家を中心とし分家・孫分家等より構成されているもの」を挙げて、喜多野《きたの》清一《せいいち》の「信州更科《さらしな》村若宮《わかみや》」調査で紹介されている同族団を例として挙げている。この喜多野の「若宮」調査については、次に簡単に紹介しよう。

第九に「特殊共同利害集団」として、鈴木がまず挙げているのは、「水に関する共同利害」の集団である。先に見た歴史家の大島美津子も述べていたように、稲作を営む日本の村は、村を単位とした水利の共同に「農業のいとなみとくらしの多くをおっていた」。したがって水利の共同は、鈴木のいう自然村の基礎をなしており、その重要な一側面であることは、多くの農村社会学者の指摘する通りである。その意味で、ここで鈴木が、まず第一に水の問題を挙げることは適切と思われるが、しかし、そのことによって、自然村の「全体主義的観念」が形成されたとしていることには疑問が残る。そもそも「自然村」とは、「全体主義的」なものだったのであろうか。鈴木もまた、「古い、封建的」などという日本農村に対するイデオロギー的批判の通弊を逃れていなかったのであろうか。

第十「階級的集団」とは、鈴木がこの著書を書いていた頃、昭和戦前期に各地で結成されていた「小作人組合、地主組合、地主小作人協調組合」などのことである。

†有賀の「石神」と喜多野の「若宮」

鈴木が挙げる農村地方で人びとが構成している集団とはこれら一〇種類であるが、しかし、これらのうち、鈴木が解説する「マキ」つまり同族団については、それが、有賀喜左衛門の「石神」の場合とはやや異なることについて注意しておきたい。そのことは、鈴木がそれを「血縁的集団」に含めていること、また例示として、喜多野清一の「若宮」調査を挙げていることからも推測される。

喜多野が長野県更級郡更級村字若宮（現千曲市）で行った調査報告(6)によると、「この地の同姓は主として二三男の分家団が本家を中心として――大体直接分家又分家までの範囲のものが――結合して構成」しており、「概して若宮における社会生活は実にこの同族団を基本要因として動いてゐた」という。同族団のなかには「奉公人分家を含む」ものもあるが、「本来は血族分家のみが本家を中心として結成される」のであり、喜多野はこれを「血族的な集団」とみている。そして、それが「現在なお活ける機能力をもって村落社会生活の種々の部面に作用している」ものとして描き出している。だから鈴木は、喜多野を引用しながら、同族団を「血縁的集団」としていたのである。

これに対して、有賀の「石神」は「大屋」S家は明らかに非血縁の召使を含み、かれらはやがて「名子」として、大屋の同族団に包摂されるのであった。「血縁的」なのは、次三男を分けた「別家」だけであった。しかし有賀がこの非血縁者を含む同族団に見ていたのは、「物心両面の相互給付関係」であった。つまりそれは、必ずしも血縁に関わらないのであり、「他に生活保障の手段のない日本の政治的・経済的・社会的条件」のなかで形成されたものだったのである。

喜多野が若宮調査でねらいとしていたのは「日本資本主義の基底をなす日本農村社会に独自な社会構造、その階層構造の解明」であるが、その際喜多野が念頭においていたのは、「日本資本主義論争」であった(7)。そのいわゆる「半封建制」の如何を「家族主義」の問題として解明しようとしていたのではないか。なお、この問題に関しては、後に有賀・喜多野論争として展開されることになるので参照されたい(8)。

†「講」とは何か

以上の鈴木の説明のなかでも、実際に経験あるいは見聞したことのない方には特にお分かりいただきにくいのは、「講」かもしれない。そこで、全国各地の農村の調査経験をもつ竹内利美の解説を参考にすると、竹内も「講と呼ばれる集団は多く、その態様もさまざまである」としながら、その種類を次のように分類している。[9]

「(1)宗教的機能を主とする講（宗教講）
　A社寺（教団）に所属する講（教団的の講）
　　a崇信者の講（参詣講）
　　b氏子・檀徒の講（氏子講・檀中講）
　B社寺（教団）に所属しない講（非教団的の講）
(2)経済的機能を主とする講（経済講）
　　a金融講（頼母子《たのもし》講・無尽講）
　　b労働互助講（人足講の類）
(3)社交的機能を主とする講（社交講）

――将棋講・アソビ講・茶講の類」

竹内によると、「(1)は講の発生事情からみても本源的のものである」としてさらに詳細に説明しているがここでは省略して、私が山形県庄内地方で話を聞いた「講」について紹介してみたい。

†「講」のさまざま――山形県庄内地方の事例

場所は、今は酒田市に属している大字《おおあざ》牧曽根《まきそね》である。近世江戸時代には村だった。この牧曽根部落の男性たちの講としては、出羽三山参りと鳥海山《ちょうかいさん》参りがあるが、その他に「伊勢講」もあった。「大伊勢講」と「小伊勢講」とがあってその区別には歴史的事情が絡んでいたようだが、その区別の詳しいことは分からない。それぞれ二人ずつ伊勢参りをしてきて、御札《おふだ》をもらってくる。元は男だけだったが、しかし、戦後豊かになって有志で行くようになり、女の人も行く。その他、古峯神社の講や、八坂神社の講もあった。「観音講」はおばあさんたちが、お堂に集まって念仏を唱えて会食をする。この女性たちの「観音講」の年間の行事表があったので、次に紹介しておこう。(10)

「　観音講年中行事表
一月十日　　松影庵地蔵開き
二月十五日　お楽しみ会
三月二十一日　春彼岸の中日
四月八日　釈尊降誕花祭
五月十五日　お楽しみ会
六月十五日　お楽しみ会
七月二十日頃　観音講土用丑
八月一・三・五・七・九日　お盆のお施餓鬼《せがき》
九月二十三日　秋彼岸の中日
十月十五日　お楽しみ会
十一月二十日頃　観音講しもく（撞木）洗い
十二月一・三・五日　観音講座禅会
十二月下旬　松影庵大掃除」

話によると、この「観音講」とは「おばあさんたち」の集まりだというが、家族内地位でいえば、姑《しゅうとめ》さんたちの集まりということになろうか。「松影庵」といわれているのは、部落にある古いお堂のことであり、お地蔵さんが祭ってある。そこに、姑さんたちがほぼ月に一度集まり、おそらくは料理をもちよって楽しむのだろう、そのものずばり「お楽しみ会」といわれている月もある。たしかに竹内のいうように、「本源的」には宗教的機能なのだろうけれども、この世の楽しみには勝てないようである。

第三章　歴史を遡って――農村はどのようにつくられたか

†中尊寺領骨寺村

以上見て来たように、鈴木栄太郎は日本農村社会学の確立を願って、その主要対象を「自然村」としたのであったが、しかしそれは昭和の時代であった。有賀喜左衛門の石神モノグラフも昭和に入ってからの調査だった。しかし、このような日本の農村はいつ、どのようにして始まり、変化してきたのだろうか。私たち社会学者には、そこまでは研究が届かない。歴史家の助けを求めるしかないだろう。

ところが、最近、中世史家の大変興味深い研究が出版された。入間《いるま》田《だ》宣夫《のぶお》『中尊寺領骨寺村《ほねでらむら》絵図を読む――日本農村の原風景をもとめて』である。(1)所は岩手県西磐井郡平泉町、おいでになったことのある方も多いと思う。この本で紹介した有賀喜左衛門のモノグラフ「石神」とは同じ岩手県の南部であり、全国的なスケールでいえばごく近くである。平泉といえばむろん歴史的にも重要なところで、歴史家たちの多くの研究がある。入間田のこの本は、そういう歴史家たちの多くの研究を踏まえて、「日本農村の原風景をもとめて」書かれた著作である。われわれにとってもぴったりの、まことに有難い本といえよう。以下、それを紹介しながら、遠く歴史を遡ってみよう。

この本の研究対象になった史料はいろいろあるが、なかでも、本の口絵にもなっている二枚の絵図が圧巻である。「在家《ざいけ》絵図《えず》」と「仏神絵図」である。これらは、鎌倉後期に作られた絵図だが、そこには、「山あいの小盆地に開かれた中世村落のありさまが、生き生きと描き出されていて、貴重のうえに、貴重である。……そればかりではない。その中世の村落のありさまが、ほとんど変わりのない姿で、いまに伝えられているのである」。

この二枚の絵図には、二種類の水田が描き出されている。すなわち、比較的小規模な開発によったかと見られる水田と、傍らに「三段（反）」と記されている一二枚の区画をもつ「方形、特大の水田」とである。農学者たちの調査結果によると、これらの水田の用水は「(1)周囲とくに北側の山からの沢水、(2)本寺川南岸における本寺川からの引水（小規模な堰による）、(3)中沢の水（湧水を源頭とする）、(4)堰（大規模）による本寺川からの引水」という四種類からなる。「方形、特大の水田」に水を供給しているのはこの「(4)堰（大規模）」である。これらの用水のうち、(1)(3)は、小規模であるから、小経営農民による比較的個別的な開発によるものであろう。それに対して⑷は、上級権力による労働力動員によって開発されたものと考えられる。⑵も、小規模ながら、本寺川の引水によっているので、⑷に連動して開発されたものと考えられる。こうして骨寺村は、「原初的共同体の段階と、中尊寺領となった段階との二段階の開発」によって形成されたと見ることができる。

†新旧二つの同族団

もう一つ、鎌倉後期の「骨寺村所出物日記事《しょしゅつもつにつきのこと》」と題された文書が紹介されているが、これには、「田屋敷分」と記載されている五人と、「作田分」とされている八人とが記されている。前者には「首人（おびと）分」が含まれているが、首人とは、「古代的共同体の首長」だから、それを含む「田屋敷分」と記されている五人こそが「草分け百姓の系譜を引く」本来的・基幹的な住人であったと見ることができる。しかしそれならば、この首人とは、どのような立場で「首長」たりえたのであろうか。著者は「田屋敷分」五人には、「平姓」が目立つとしているので、首人は、後の時代の一般的な呼称によるなら、「平姓」同族団の「本家」として首長の地位をもったのではないか。けれども、後者の「作田分」六人の水田は、「概ね中川（本寺川―檜山川）沿いの用水路灌漑」によっており、中川（本寺川）沿いの大規模水田開発にともなって、余所から招き寄せられてきたものだろう、としている。かれら「作田分」六人は、「佐藤」姓などが多い。この村における「新旧二つの同族団」のうち、新しい方のそれにかれらが属しているとされる所以である。

　こうして、この文書によっても、骨寺村の開発は二段階からなると見ることができるが、他方、自然科学者たちによるイネとクリ花粉の検出によって、「この付近での水田の開始は、堆積速度から一〇世紀頃と推定される」とされており、骨寺村の最初の開発は、このあたりが中尊寺領となる前だということが証明されている。先に見た鈴木栄太郎の概念を借りるなら、古代における「自然村」そのものということができる。

　以上の同族団に関する議論に関連して、著者入間田は、近世以降の東北農村がいくつかの「同族団によって成り立っていた」と、有賀喜左衛門他の社会学や経済史学の研究を紹介している。しかし有賀が紹介する石神の同族団を従える「大屋」S家は、近世寛永年間に浄法寺《じょうぼうじ》より来住といわれており(2)、それと、この骨寺村の「田屋敷分」在家《ざいけ》とは、歴史的時代が大きく隔たり性格も違うことは明らかであろう。石神の大屋S家は、非血縁者を含む二六人の「大家族」を形成していたが、この骨寺村の「首人」（家?）はどのような構成だったのであろうか。「在家絵図」に描かれている建物は、「仏神絵図」の「経蔵別当御休所」に比定される特大の一宇《う》を別として、「堅牢なイメージ」の「大型建物が四宇」と「小型建物が六宇」描かれているが、小型建物の方は、「作田分」八宇のうちの六宇に相当するとされており、これら家族は直

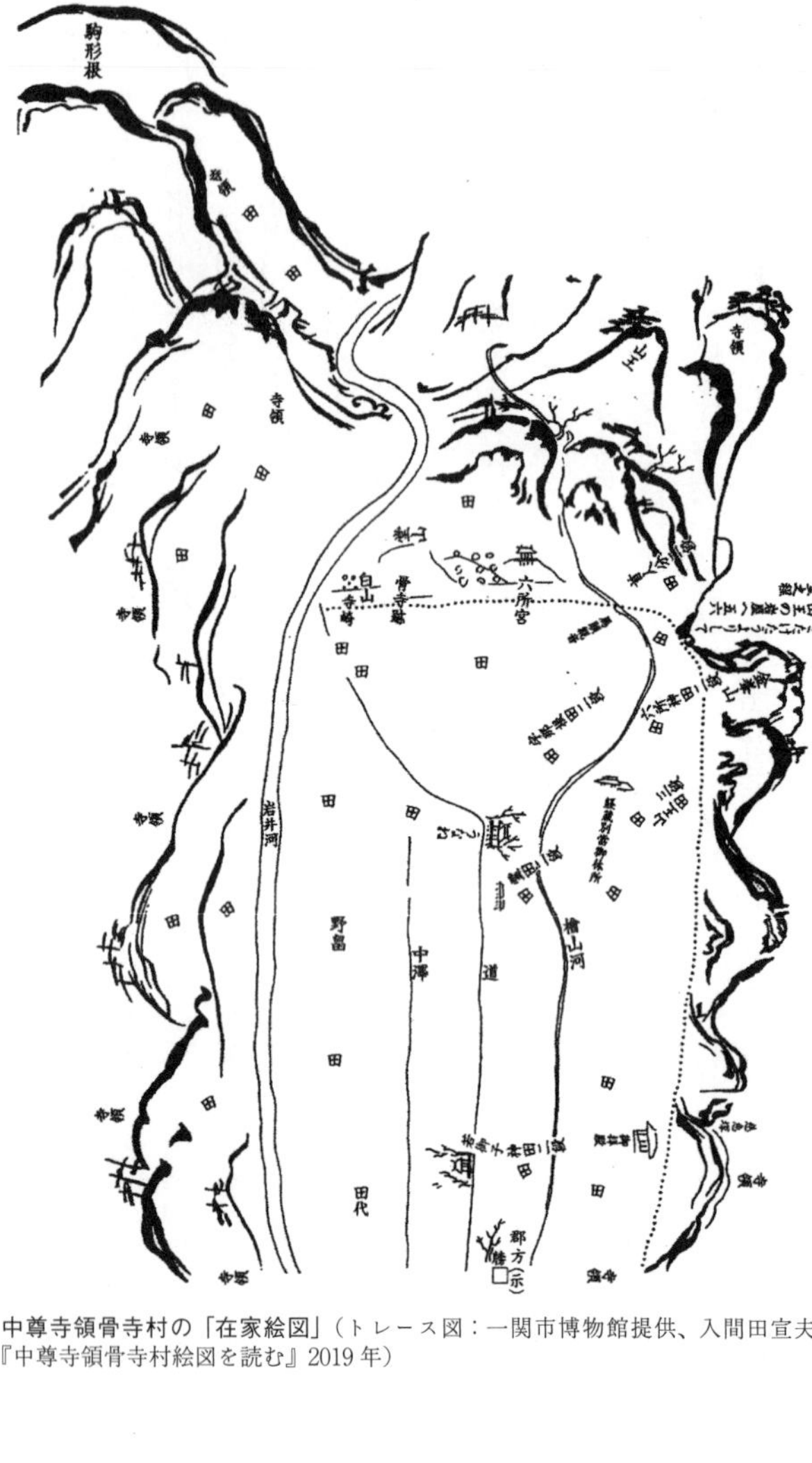

中尊寺領骨寺村の「在家絵図」（トレース図：一関市博物館提供、入間田宣夫『中尊寺領骨寺村絵図を読む』2019年）

系親族からなる「小家族」だったかもしれないが、問題は「田屋敷分」と見られている大型建物四宇である。どれほどの大きさかは絵図では判断しがたいが、このなかに「首人」の家が含まれているとすれば、非血縁者や傍系親族を含む「大家族」である可能性はあるのだろうか。しかしかりにそうだったとしても、「石神」のような上下の支配・従属の関係で結ばれていたとは考えにくい。社会学的には興味津々だが、史料はそこまでは語ってくれない。

さらに、「農業経営の現場」に密着していえば、これら水田には、「それらの大元になる水源から最初の水田に引き入れた湛水を、隣接の水田に、二枚目、三枚目というように、つぎつぎと落として行く」という「田越し灌漑」が行われていたという。「田越し灌漑」といえば、それよりもずっと後、近世江戸時代以降にも、山形県庄内地方において行われていたとの報告がある。(3) しかしこれは、近世において零細田地による労働集約的農法として、往年の農業総合研究所の研究者たちが「畝歩《せぶ》農法」と名付けた農法においてとられていた方法であり、歴史的時代が大きく異なり、もちろん同一視できるものではない。

†なぜ村か

それともう一つ、気になるのは村である。著者は諸説を集約しながら、「それにしても、なぜ、村なのか、中尊寺領といい、藤原氏の統治組織といい、なぜに、それほどまでに村に依存したあり方を見せているのだろうか」と問題提起している。これはむろん、農村社会学者である私が教わりたいところだが、水稲作に依存する日本の農村の場合、右に見た水田への水掛りにその基底を見出すことができるのではなかろうか。

西日本の事例によってであるが、農村社会学者の余田博通《よでんひろみち》は、「わが国において重要な水稲栽培は、水を不可欠とし水に関する諸問題が決定的な重要性を有する」と指摘して、「農業村落共同体の論理構造」にとって「溝掛り田」がもつ意義を主張した。それは、「溝掛かり田の各一筆における生産は、それぞれ異なった占取者によって私的に個別に行われる」としても、「しかし溝掛り田の一体性によって、占取者が好むと好まざるとに拘らず共同せざるを得ない事情がある」からである。(4) 骨寺村の水田は、始めは水路を持たない「田越し灌漑」によって営まれていたが、その場合でも水を「つぎつぎと」落として行く「二枚目、三枚目」の田の耕作者は、別人であっても「共同」せざるをえなかったであろう。まして、用水路を掘削してその水によるようになった段階では、そこに「上級権力」が作用していたにせよ、それを耕作するもっと多くの人びとの「共同」なしには「権力」の発動も行われえなかったはずなのである。

しかし、村は、水利の問題に尽きない機能を持っていたにちがいない。そこに関わるのが、二枚の絵図に明確に記載されている「宇奈根社《うなね》」ではないか。著者によると、「宇奈根」の語源について、「弥生時代に作られた畦畔の畝(うね)」から「うなで」と呼ばれるようになったのではないか、とする。それが後に中世における荘園システムの中に編入されて「鎮守神」などとして領主支配を下支えする役割を果すようになり、さらに近世に入るあたりには、それら宇奈根社の多くは仏教的な色彩を濃厚にして「雲南権現」、「宇南権現」と呼ばれるようになったのではないか。「神仏習合のながれ」である。あわせて、駒形根つまり栗駒山の「雪形によって、田植えの季節の到来を教えてくれる農業神に対する里人の古来の信仰」が、仏教の入来によって、「駒形根六所大明神」に対する信仰として「上書き」されながら、なお「千年の信仰」として受け継がれて来ている、というのである。

ここに村と神社という問題が登場している。その根柢にあるのは、日本人の祈りの対象としての自然である。長い年月、農耕民として生きて来た日本人が、稔りをもたらしてくれる自然に感謝し、願い、祈るのは、まことに当然の行いだったであろう。それが、「中世における荘園システムの中に編入」されて「鎮守神」などとして「領主支配を下支えする役割を果す」ようになり、さらに近世に入る頃、「仏教的な色彩」を加えていったというのである。日本人の祈りといえば、寺もある。しかし、先に見た鈴木栄太郎の論述にもあったように一般に村に関わるのは神社である。寺は、むしろ家に関わる。しかしここまで来ると、日本人にとっての宗教という巨大な問題が横たわっている。私には、とうていそれに答えることはできない。

†山村ならば

以上、骨寺村を稲作民の村として見てきたが、しかし、山村の暮らしは稲だけではない。先にも見た「所出物日記事」には、「山畠栗」や「栗所干栗」が記されていた。山村における栗の重要性は近代にも続くが、そこでの栗拾いは女性たちの仕事だったという東北地方の事例が、いくつか紹介されている。骨寺村においても、秋の田仕事は男性、女性は栗拾いという、家における性別役割分業が行われていたのかどうか、「いつの日にか」とされている「聞き取り調査」の結果を待ちたいものである。

また、「日記事」には、「歳末立木（たてぎ）」の記載もある。正月を迎えるために「庭中に立てる栗の木」の根元に置かれる「多数のつま木の束」は、薪の束に他ならない。思えば、村が供給する生活物資は、米や野菜などの食料だけではない。燃料の薪は不可欠の生活物資であって、村は、その供給地として永い歴史を持って来たはずである。骨寺村においてもそうであった。「駄馬を連ね、馬坂新道の峠を越えて」ようやくのことで中尊寺経蔵別当のところに運ばれる。社会学における村についての調査研究、とくに山村の研究のなかに、食料だけでなく、薪あるいは炭という燃料のことがもっと組み込まれて然るべきなのではないか。

†関東方面から、その後

ところで、以上見て来た骨寺村古代の住民たちは、どこから来たのだろうか。著者によると、先に見た「古来の神々」は「古来の村のリーダーともいうべき『首人』によって祀られていた」と見られるが、「さらにいえばそれらの神々は、一〇世紀に入るあたりに、関東方面から移住して来た、『首人』をリーダーとする稲作の民によって持ち込まれたものであったらしい」。

歴史的に見ると、すでに古代において西日本の支配勢力が東北地方に進出したこと、端的にいって東北地方住民に対する天皇の軍隊の侵略があったことを示す遺跡は、太平洋側、現在の宮城県の多賀城趾や、日本海側、現在の山形県庄内の城輪の柵跡などによって示されている。しかしそうではなく、古代国家の移民政策が関わっていたかもしれないが、直接には稲作農民たち自身の移住の決断、そして開発に始まる骨寺村の事例はまことに貴重といえよう。

骨寺村は、首人とその同族団の到来から、やがて平泉領に入り中尊寺経蔵別当による「取り仕切り」、水路や水田の開発、住民移住が行われるが、さらにその後、近世になると、仙台藩奉行の家中が村に入って「取り仕切り」を担うようになる。近世には人口も増加し、生産も発展する。享保一二(一七二七)年の「宗門人別帳」には、四八戸、六五四人が記載され、宝暦一三(一七六三)年には、一〇五戸に達するという。が、その後幕末の飢饉、疫病の被害は甚大で、その人口減からの回復は明治から大正を待たなければならなかったという。しかしいずれにしても、骨寺村は古代一〇世紀以来、千年の歴史を数えて継承されて来ているのである。

以上で、中世史家入間田宣夫の『中尊寺領骨寺村絵図を読む――日本農村の原風景をもとめて』の紹介を終わる。門外漢とはいえ、あまりにも簡略化した紹介で、著者にも読者にも、失望の感を与えてしまったかもしれない。それは私の能力不足のせいとご寛容を乞うとして、ただ最後に述べておきたいのは、本書においては、農の営みと暮らし、家、村、同族団、習俗としての信仰など、我々の村落研究にとって中心的な課題が、中世史家によってまさに「千年」の視野の下に描き出されているのである。

しかも先に第一章で紹介した、社会学の方法として紹介したモノグラフ調査と同じ方法である。たった一つの事例であっても、「意味的普遍性」を追究する研究手法が、この本のまとめとして語られていることに注意しておきたい。それは、民俗学的手法を想定してであろうか。「現存の民俗的な事例を横並びにして……表面的な考察に終始する」手法への批判として、「それらの事例を縦系列にならべ直すこと」、そして「個別の事例に沈潜する粘り強い調査」を行うこと、という我々農村社会学者にとっても座右の銘とするべき方法論的な教訓が語られていることを紹介して、入間田の著書を閉じることにしたい。

†「三信国境の村落群」

次に、社会学者が歴史を遡った数少ない研究として、竹内利美《たけうちとしみ》『中世末に於ける村落の形成とその展開――三信国境の村落群について』がある。[5] これは、昭和一九（一九四四）年の刊行、著者が若い頃の力作であるが、しかしこの本には、改訂新版があって、『「熊谷家伝記」の村々』という表題で一九七八年に刊行されている。[6] ここでは、この新版によって「中世末における村落の形成」とそれを担った人びとの生産と生活の様子を垣間見ることにしよう。熊谷家とは、「長野県下伊那郡天竜村坂部《さかべ》」に所在する旧家である。

竹内はまず「課題」として、「天竜渓谷の中ほど、三信遠三国の境するあたりに点在するいくつかの村々が、中世の開創期から近世末期に及ぶ歴史の流れに沿いつつ、どのような存在形態を示してきたかをうかがおうというのが、本編の主旨である」が、それは「たまたまこの地には『熊谷家伝記』という特異な資料が残されているからにほかならない」と述べている。この「三信遠三国の境するあたり」とは、三河（現在の愛知県）、信濃（長野県）、遠州（静岡県）の境に当たる辺りであるが、竹内にとって信濃は故郷、戦後になって改訂新版を刊行するとは、特別の思い入れがあったのかもしれない。

本文に入る前に竹内は、参照した「家《か》伝記《でんき》」で用いられている用語の説明を行っている。ただし、ここで説明されていることばの意味は、竹内が使用した文書にあらわれた限りでのものであり、どこまで一般化できるかは分からないので注意していただきたい。

〔郷《ごう》〕「中世部分に多く用いられ、『村』と混用もされているが、『村』が単なる集落名称なのに対し、『郷』には政治的単位としての集落をさす場合が多いようだ。基本的な集落をさす場合もあり、それらを統合した関領の上郷・下郷といった用例もあり、さらに関氏の所領を関郷ともいっている。……また本郷枝郷という表現もあり、……そこで此処では『郷』に統一し『村』は近世以降に限る」。

〔郷主〕「多く一郷を開発し、その支配に任ずるもので、中世部分には各種の記録に一定した形で出てもいる。中世的な『名主』と同一に考えられるもので、なお近世に及んでも慣用されている。……『郷士』の名称は全くあらわれず、また近世の郷士もここにはなかった。ともかく、中世に一村を支配した者にはすべてこの語を用いる」。

〔一騎《いっき》立《だち》〕「郷主でまだ上級の領主に服属しない独立のもの。領主的性格を併せ持つ一村の支配者」である。

〔郷頭〕「郷主連合の頭分で、いわゆる『一騎立郷主』の頭目である」。

〔家来〕「郷主の所従は一定してこう表現され、中世は全くこの語か、あるいは家臣・従臣などと表現されている。……被官の名称は天正検地後にここではあらわれ、しかも特殊の限定をもって用いられている」。

〔領主〕「郷主を服属させて成立した戦国大名的な関氏・下条氏をこう表現する。……近世の大名もまた同じ表現による」。

†開発と土地領有、開郷当初の家と生活

以下竹内は、「熊谷《くまがい》家伝記」などに現れてくる村々の開発事情を一つ一つ解説しているが、あまりに詳細にわたるので、ここでは省略せざるをえない。が、その背景になっているこのあたりの地理的概況を紹介しておくと、「参《ママ》信遠三国の境するあたりは幾重にも山脈がかさなり走り、そのあわいを深くうがつ谷々が、各処に隔絶した小天地をちりばめている。そして、これらの谷水は天竜・豊川・矢矧《やはぎ》等の諸川にやがて流れ落ち合い、その川筋がわずかに海道地方への連絡路をひらいている。都で事志とちがい、東国をさして逃避するものがあれば、おのずから吸い寄せられる絶好の隠住地であった」という。

しかし「それらに先んじて若干の人戸は各地に点在していたはずで、……それらの多くは、隔絶した山中の一軒家程度にとどまり、まだ、確たる土地専有の『縄張り』を持ち、村落としての社会的結合を生ずるまでには至らず、また外部の政治勢力に連繫する基体ともなりえなかったと、みてよいであろう」。ここで竹内がいいたいのは、「一騎立郷主」が「家来」を引き連れてこの地に定着する前にすでに「山中の一軒家程度」の人家はあったであろうが、まだ他との境を区切った「土地領有」はおこなわれず、境をもった「村」といわれるような人びとの集団は形成されていなかっただろうということである。

とはいっても、右に見た「骨寺村」の事例からしても、それ以前から存在した「山中の一軒家」もそれ独自の生産と生活をいとなんでいたはずであるから、それがどのような「実態のもの」であったかに興味が引かれるが、竹内が依拠した文書にはその点についての記述はないようで、竹内のこの書にもそのことの説明はない。

次に、熊谷家が移り住んだ「坂部の開郷は『主従其数拾人』でおこなわれた」という。「郷主も所従の家来も妻帯して一家をなしていたから、開郷時の住民構成は郷主と家来の家族（四戸）、先住の二戸、それに河内から差添えられた家来数名ということになる。差添えの家来の家族状況はわかっていない」。ここで「差添え」とは、妻方の実家河内多田氏から遣わされた「山作方に慣れたる家来数名」のようである。このように、「この地帯の村々の開郷時点では、郷主の家を核として、新旧のその所従（家来）の家、それに時には先住の家が加わるという構成であって、それらは、郷主の土地支配のもとで主従的身分関係に一様にむすばれたとみてよい」。

しかし竹内は、ここで次のような但し書きを附記している。「以上は全く特異な政治関係のもとにおける村落開創の場合であって、これをただちに日本の村落開創のモデルとして一般化することはできない。『三人百姓』『五人百姓』などという草分《くさわけ》伝承のように、族縁関係を持たぬ家々で始まる型もあり、また反面同族や親族関係の一団による場合も多かったにちがいない。開村に際しての土地占有の条件は……歴史的条件を無視することはできないのである」。私たちも、心しなければならない点である。

†焼畑作による粗放な農業と生活協同の体制

「以上、『開郷』という表現で、この地における村々の成立経緯を『家伝記』の伝承を通じてひととおりみてきた」。つまり、「ここではおおむね落去の武士的身分者の主従一団が、無主未開の山野を切り開いて定住生活の基盤を造り出し、郷主のもとに団結の力でその占有を確保した。そしてたまたまその領内に先住者があっても、郷主の土地支配力のまま、同じくその一団に繰り込まれた。土地経済に全面的に依存する当時の情況では、郷主支配の土地範域は住民生活の唯一の依りどころとして基本的な経済単位をなし、その土台のうえに郷主の支配力を中核として生活協同の体制をおのずからつくりあげた。個々の家（家族）は日常生活の依拠集団ではあるが、自立の経済基盤を持たぬまま、そうした協同体制に包まれて存立する形になる。つまり郷主の土地支配を基盤とする家連合による協同体制の形成で、その結合は郷主の政治力で保持されて行く」。

これら「郷」では、どのようにして暮らしを立てていたのか。「ともかく当時の低い農耕技術に加えて、こうした立地条件では、いきおい焼畑作中心の粗放な農業生産にたよらざるをえない。それに広大な山林と寡少な労働力という兼合いによるところでもあった。また、戦国末期に外界から隔絶された小天地に生成したいわば『第二次の社会』でもあったから、在地資源の交易もほとんどみられず、全く自給経済のもとできびしい生活を強いられたのであろう」。「当時の状況では、郷主支配の土地範域は住民生活の唯一の依りどころとして基本的な経済単位をなし、その土台の上に郷主支配の中核として生活協同の体制をおのずからつくりあげた。個々の家(家族)は日常生活の依拠集団ではあるが、自立の経済基盤を持たぬまま、こうした協同体制に包まれて存立する形になる。つまり郷主の土地支配を基底とする家連合による協同体制の形成で、その結合は郷主の政治力で保持されて行く」。

†郷主連合(村落連合)とその変化

ところで、この辺りにはやはり「一騎立」の「郷主」が開発した他の「郷」もあった。それらの「各郷主は近隣郷主と一種の政治折衝を通じて、たがいに領域をわけあいつつ、その支配の範囲を確定して相互に認め合う形になり、時には協力してその防衛にも当った。中世末期のこの地の政治情勢は全く特殊な姿を示し、全体社会への連繋を直接に持たぬいわば『第二次の社会』の観を呈していた。……つまり、こうした形で一種の政治的単位として開郷当初の村落は成立したとみてよい。……山深い地帯における猫の額ほどの土地とはいえ、これをあくまで保持しようとする願いは、数ヵ国にわたる所領と何らえらぶところはない。……分領する土地をたがいに協力して保全防衛する必要が何よりも痛感されたにちがいない」。こうして「外部からの侵攻」にそなえて「郷主連合（村落連合）」が形成される。……つまり「郷頭」熊谷氏の下に「結束」を誓うのである。

やがてこれら領主のなかで、高原の平地新野《にいの》に本拠を構えた関氏が「ようやく戦国大名らしい領主に脱皮し、漸次周辺の郷主を服属させつつ『関領』を形成して行く」。そして、曲折を経ながらも、熊谷氏もその下に服属するようになる。同様な事情は、隣接の地に抬頭した下条氏についても伝承されている。

こうして開発初期に成立した郷主連合は、「分裂」、「対立」を経て、やがて「全く解体する」。つまり「関領の形成拡大と相表裏して、いわゆる『一騎立』の郷主は次第にその姿を消して行ったのである」。その経過について竹内は詳細に解説しているが、ここでは省略しておこう。

さらに「天文十三年（一五四四）関氏は滅んで、下条氏が関領を併合したが、……関氏配下の郷主はほとんどそのまま下条氏に臣従し、土地領有関係にはさしたる変動もなかった」。「それゆえ、関氏から下条氏へという領主の交替は、別段村落に対する政治関係に大きな変化を及ぼさなかった。下条氏も『在郷持』の郷主の結合のうえに立ち、その力に依存していた点では、関氏と全く同性格の領主であった。しかしやがて、下条氏が武田氏の幕下に属するに至って、急激な変動がそこに惹起されるのである」。

†郷主の帰農

すなわち、「文永年間（一四四四〜四八）以降、……信州一円は……戦国動乱の世を迎えた」が、この時「下条氏は、「組織的軍団と新鋭武器鉄砲の前になすところを知らず」、武田氏に屈服する。「この地帯の群小郷主たちはこうした岐路にたって、ほとんど軍役を拝辞して貢納にかえ、その開郷の地を守って、農民に帰したわけである。……こうした『軍役奉仕』と『貢納負担』との二者択一は、単に『人』と『物』との転換にとどまるようにみえるが、事実はけっしてそうではない。それは郷主の被支配者層（百姓身分）への転落を決定づけるとともに、一方郷村経済の質的転換を結果することになるからだ。つまり武士身分からの脱落と相関して、従来その支配下に全面的に収納配分されていた郷村の生産経済の総量は、ここに両分されて、一半は上級領主の収納に帰して、郷村へは全く還元されない結果に立ち到るからである。……山間僻地の劣悪な経済条件下の郷村にとって、こうした転換は当然深刻な事態をやがてひきおこすにちがいない。中世末四十余戸の村が、近世末にはわずかに二十二戸にとどまり、何ら発展の様相を示さなかったのは、もちろん立地の劣悪な条件にもよるが、主としてこうした郷村の生産総量の半ばが、郷外に一方的に流出して、何らの経済的見返りもないままに、近世三百余年を経過したからではなかろうか」。

†直系世代家族、非血縁奉公人の同居、長子単独相続

以上のようにこの地の村々の開創の事情とその後の変遷を述べた後で、竹内は「村落の内部構造」に目を向けている。まず、「家伝記」によって「熊谷家の家族……をみると、直系の家族だけが結婚・相続して家に残り、傍系の子女はいずれも『分家』するか、あるいは他家へ『養子』または『通婚』によって転出している。いわゆる『直系世代家族』の型である」。

また「同居する数人の家来(下男)」があったが、かれらは「主として郷主の家の農耕と家事にしたがうものであった」。詳細は分からないが、「近世の年季奉公人の類いではなく、おそらく下人として郷主の『家』にとどまり、仮に妻帯して子女を設けても、終世独立の『家』をなすことはなかったのであろう。いわゆる譜代の下人である」。かれらはむろん「郷主の『家族』ではない。しかし『生活共同体』ないしは『経営体』としての郷主の『家』の不可欠の要員であり、家経営については、むしろ中心的な役割を実際上担っていた。だから、郷主の家の構成

員は、本来の郷主家族に加えて、こうした非血縁者をかかえこむ複合的な形を示していたといってよい」。このような構成は「近世に下っても大手作りの地主の家，あるいは大経営の町人などに広くみられた形でもある」。「『郷主』としての熊谷家の妻＝主婦の出自は、近世も中世もあまり変化をみせていない。ほとんどが『村外婚』であり、いずれも隣郷の郷主格の家から迎え入れている」。だからその通婚圏はかなり広い。

「熊谷家の相続はおおむね長子単独相続」である。しかし、「相続は必ずしも家長の死亡と相即はしていない。むしろ中世では壮年に嫡男が達すると、家督を譲っていることが多い。……傍系の男子はいずれも『分家』するかあるいは他家へ養子入りしているが、中世と近世とではかなりその様相を異にしていた」。つまり近世に入ると「百姓身分に全く定位された熊谷家」の村内分家が始まる。

郷主の家の経営について「家伝記」にはほとんどふれられていないが、「在郷の者は平常農耕に従うところで、相応の手作地をそれぞれ保有していた」。……「当時の農耕生産は山作（焼畑作）を主として畑作に依存し、新野平を別にしては水田作はごくわずかであった」。「……旧郷主の屋敷名は、今も『オヤカタ（御方）』で」あるが、ところによっては、「『オオヤ』と一般に号し、……天竜の川東地帯を中心にして被官制度の近世まで残った所では、オヤカタ（御館）オイエ（御家）の呼称が一般的であった」。「一方、この地方では家格の高い家の主婦を『オカダ』と呼んだ。……また、家来は郷主を『旦那』ともよんだ」。

「坂部郷の村内住民の呼名は、中世では、もっぱら『家来』であり、『被官』の名は郷内所従に関する限り、天正十五年（一五八七）の検地にはじめて『当家之被官』としてあらわれ、その際に独立した本百姓や水呑・神役の百姓と区別する形になっている。……近世の伊那地方では『被官』という隷属百姓の名称が一般的であるが、この地方ではむしろ『家来』をひろく用い、特に中世ではほとんどそれに限られていた」。

検地と百姓身分

「前節に述べたような家々が、たがいに結びあって、坂部における村落生活は展開して行った。いうまでもなく結合中心は郷主の家であり、その土地支配力が基底をなしていた。……坂部の郷主熊谷家の土地支配関係は、三転して近世初期検地に至っている。開郷当初は『一騎立郷主』として、坂部郷内の土地を一円支配したが、関氏・下条氏に臣従すると、その領有権は領主に移り、さらに下条氏が武田氏に服属するや、その領有権は上級と下級に分化して行った。しかし……『一円知行地』として……中世を通じ郷主の手にあった。ただ、弘治二年（一五五六）軍役を拝辞して貢納に替えたのは、大きな変化であったが、しかし……なお郷内の土地のすべてを支配し、家来からの貢納を一手に納めていた」。

その後、この辺りの支配関係は複雑な経緯をへるが、とくに天正年間の二度にわたる検地によって、「村落の政治関係は一変した。郷主（名主）の一円知行権は全く喪失して、あらたに『名請』の制度によって、土地占有関係の更新と身分の設定がおこなわれ、村々はこうした関係を通じて、新たなる領主（近世大名）に連繫することになった。……この時に当たって、十二人の家来百姓が『直納』にかわって、本百姓身分を獲得した。……中世以来の『郷主』の地位は消失して一介の百姓に下り、あらたに独立した旧家来百姓と同列に位置づけられた。しかし開郷以来久しきにわたる郷主の権威は、全く消え失せたわけではない。新しい『村』の統率者・代表者である『名主役』は旧郷主の独占に定められ、他の本百姓はその下の『組頭惣代』を輪番に勤めるにすぎない」。

「こうして戦国大名領を育成してきた在郷武士（郷主＝名主）は、その発展につれてまず有力なものは専門武士として村落を離れ、そうでないものは『武』を捨てて『村』にとどまり、やがて百姓身分に定位される。そして、城下町に集住した武士は、『農』と『村』から全く離れて百姓の貢租に依存する生活に移る」。

†「村」（藩制村）の成立と村内分家

「こうして近世初頭の検地を契機に、近世村落統治の基本単位としての『村』が確定する。しかしここにも旧郷主の村落支配の形は強く残り……、旧郷主支配の領域がすべてそのまま近世の『村』に移行した。……天正検地以後、伊那郡では新領主の入封を機に幾度も惣検地がおこなわれ、その都度精緻さを加えて行った。そして、ほぼ元禄年間を画期に近世郷村統治の体制は全くととのうにいたる」。

そしてこの頃になると、「村内血縁分家」が「親方百姓（旧郷主）の家に新しくあらわれた分家型」となる。つまり「山間辺地のこの地帯でも、戦国末期にはほとんど村外開発分家の余地はなくなっていた。……しかも近世初頭の検地で『一村切』の土地住民把握の体制が確立し、農民的土地所有は原則として村内に限定されざるをえない」からである。「ここに近世農民の村内同族結合がひろく生ずる契機もあった」。

「ところで、これら旧郷主の村内分家は、ようやく寛永元年（一六二四）に至って、本百姓になっている」。……それまでは「いわば本家熊谷家に包摂された形であり、形のうえでは一種の複合家族として存在していたことになる。おそらく村内隣地に一応屋敷農地を分与されて別宅しても、本家を中心に緊密な生活連関に結ばれ、貢租はもちろん本家の一括納入で、その他外に対しても一つの『家』として扱われていたと思われる。家来百姓の独立に伴い、旧郷主の力は減殺され、以前のような大手作はもはや望むべくもなかったからであろう。いわゆる分附百姓としての存在である」。

関連して竹内は、熊谷家の「家伝記」にある「当家之地分ケ五人は本百姓に差出」という記載は「重要な意味をこめている」と指摘する。つまり「旧郷主の全村支配は解体して大手作も不可能になり、……むしろ手作地を分割して集約的経営に志向し、貢租の重圧に堪えるのが得策であった。というより、そうせざるをえなかったゆえの『分地』であったが、貢租の一層の重圧によって、本家一括納入の形はもはや維持しがたく、個々に分担し責任を分ち合うことにならざるをえなかった。その際に水呑（小作）百姓の大半が直納百姓に変わったのと、全くその軌を一にしている。……こうして、『小農』としての家々の分立体制に移行して行くが、なお血縁村内分家は本家中心に同族結合絆に結ばれて緊密な生活関連を持続して行く」。

†郷村の鎮守と寺院、村の生活協同

さて、この間における神社と寺の変遷について見ておくと、「……開郷の当初において、一郷の守護神——村氏神と郷主等の家氏神とは、おおむね別個に祭られていることが、まず注目される。『郷村の神』は産土・当郷一宮・大宮・当郷の鎮守大伽藍など」と記されている。「いずれにせよ、開郷に当たって郷村の鎮護として祭られた神々は、開発郷主所縁のもので、もちろん祭置は郷主の手によっている。そして郷主所従の家々もすべてその氏子に繰り入れられた。……開郷に当たって、郷主たちは『郷の鎮守神』を奉祭するかたわら、その『家氏神』も祭置している。……『家氏神』は郷主の家に限らず、その他の家にもあった」。

しかし「この地方に寺院が出現するのは、かなり時代がくだり、享禄元年（一五二八）開基の新野瑞光院がまずは寺らしい寺のはじめであった。だから神社のように寺院は村落の開創発展とは直接の関係を持たない」。竹内の紹介には、氏神あるいは寺院の由来、名称などが詳細に語られているが、ここでそれらを具体的に紹介することは避けざるをえない。

竹内は次に、このような状況のもとで展開された「村落協同生活の実態」について紹介している。まず「村寄合が『年貢集め』『初寄合』『頭渡し』『宗門帳出来』の折々に、定期的にひらかれていた。……その場はだいたい名主宅で、その際、村中として神酒振舞がおこなわれた」。「その頃は大豆納ゆえ、……村自体で郷蔵を建て、大豆の売払いの終わるまで、番人をつけて厳重に保管した」。「以上はほんの一端だが、貢納夫役の完済は『一村請』の形で要請されたから、村役を中心に全村協力してそれに当たらねばならなかったのだ」。「天正検地時におかれた『小使』は、村公事雑用に当たるいわば『村の雇人』で、文禄二（一五九三）年には『惣代定役』として小助なるものを置き、役料は村入用の小使料の内から出した。……そしてこの伝統は明治以後にも『さんじ（散使）』の常置として残った」。

「山畑の猪の害は、現在もなおみられるくらいだから、往時における猪鹿防除の切実さはよくわかる。個別の『ししわち』の不十分さを克服するため、全村協同して『総猪垣』の構築を企図したのである。……また、享保年中（一七一六〜三六）の地震の際、かなりの災害があったが、……役人に届け巡察をうけることをやめて、村内自賄の普請人足で復旧にあたったのである。もちろん義務出役の『村人足』であろう。……こうした生活防衛のための環境保全の仕事は、なおこのほかにも多々あって、ほとんどは村内協同の仕事として独自におこなわれてきたにちがいない」。「現在も坂部では毎年四回、『総道』といって、定例の村道普請をしている。春一回、秋二回、それに『盆道つくり』と呼ばれる八月盆の村境までの道草刈りである。村中の『総人足』で、今も一番大事な村夫役（義務人足）とされる。これも近世以来のものであろう」。「しかし、村協同仕事の最たるものは、村氏神の祭礼執行と神社管理、それに村堂（長楽寺観音堂）の奉斎維持であった」。宝暦六年（一七五六）の記事では、「村氏神諏訪社修覆」のため「屋根普請に三百余人の手間が動員されている」。

†「三信国境の村々」の諸特徴

「熊谷家伝記」による「三信国境の村々」の紹介はこの辺りで止めざるをえないが、ここで、本書で見る日本各地の農村と較べて特徴的ないくつかの点を指摘しておこう。まず、この地では、その自然的条件からして、この時代には「水田作はごくわずか」だったことである。だから貢納も大豆で行われている。したがって、村の「生活協同」においても、水利の問題は取り上げられていない。また、「入稼山」についても村規制についての言及がないが、これは、「郷主の土地支配を基底とする主従的身分関係」が生きていたからかもしれない。「在地資源の交易もほとんど見られず」とある点にも目を引かれる。時代にもよるが、山村がどこでも外社会との交易がないとは限らない。第七章に見るように、白川村では「文化・文政期」のころ「焔硝《えんしょう》生産」で「交易」があったという。また、養蚕業が「五箇山・城端との交流」を通して「中世からすでに始まっていた」ともいわれている。

また「大手作」の解体と「集約的経営」への移行について述べられているが、その理由として農業技術の発展といった要因については、全く言及がない。これは、「熊谷家伝記」にその点に関する記述がなかったからであろうが、後に第八章で見る山形県庄内における稲作の集約的農法と家、村の形成との関連に照らしてみると、いささか心残りといわなければならない。

それにしても、この熊谷家をはじめとする「三信国境の村々」の、開発した土地への執着は印象深い。畑作中心の地帯であっても、後に第六章、第七章で見る沖縄や鹿児島など南日本における人口移動の激しさとは対照的なのである。この「三信国境」をはじめ本州各地農村の家の土地への執着は何に基礎をもつものなのだろうか。日本社会の特質との関連で、重要な研究課題であろう。

†有賀「石神」の同族団との比較

　ところでここで、先に見た有賀喜左衛門が描いた「石神」大屋S家の「大家族」あるいは「同族団」と右に見た竹内利美の「三信国境の村落群」の姿を比較して見ると興味深い。「三信国境」における「郷主の家を中核とする非血縁的同族結合」などという点は、「郷主」を「大屋」と置き換えれば、「石神」とてもよく似ているように見える。三信国境でも、郷主に対する「オオヤ」という呼び名もあった。有賀は、「石神の開発は大屋S家の第四代加賀（惣右衛門）が南部藩の士格から帰農して、寛永年間（一六二四～四四年）この地に居を卜《ぼく》した時に始まる」という。これで見ると、大屋S家の先祖も士格だったといわれているので、そのため従者を沢山従えていたのだろうか。有賀自身、「S家が元来士格であり、現在も士族であるということはS家の郷士的性格を物語るものとして重要である」と書いている。

　しかし有賀も依拠している「南部二戸郡浅沢郷土史料[7]」を見ると、どうも様子が違うようである。S家は、もとは浄法寺《じょうぼうじ》（岩手県二戸郡浄法寺町）にいて、そこから石神に来たという。時は寛永年間である。しかし「士籍に列」したのは、もっと後、安永三（一七七四）年で、しかもそれは、当主の兄が「金子若干両を藩邸に献じたる賞として」であるという。浄法寺で何をしていたのかは書いてないので分からないが、浄法寺といえば漆器の名産地である。浄法寺の漆器については、岩手の研究者たちによる『漆器の歴史を訪ねる安比川の旅』という報告書に詳しい。[8] やや手に入りにくいかもしれないが、カラー写真で漆器の美しさがよく理解できるし、歴史的な経過や製作過程の解説も詳しいので、可能ならば参照してほしい。

S家もこの地の「塗物問屋」の流れだったのではないか。右の「浅沢郷土史料」には、「宝延宝暦の頃……漆商競ひて浄法寺市日に出で丶浅沢地方の同業者と盛んに取引をなせり」とある。この「浅沢地方の同業者」のなかにS家も含まれていたのではないか。有賀の調査時点でも、大屋S家の召使たちの中に木地挽や漆塗を営む人々がいた。つまりここでいいたいのは、有賀は「郷士的性格」といっているが、「三信国境」の「郷主」とは全く性格が違うと見るべきではないか。近世も兵農分離のかなり後であり、士格といっても、軍役を負担していたわけではないだろう。

しかし、それならば、大屋が従えていた非血縁の家や同族団のメンバーは、歴史的にはどういう人びとだったのだろうか。「塗師」や木地挽の仕事に従事する職人たちやその配下だったのではないか。しかしそれにしても、その人びとが近世江戸時代をすぎて昭和の時代までS家を「大屋」とよんで付き従ってきたのはなぜか。そこに、「半封建制」とか「家族主義」とか、いろいろな解釈がおこなわれてきたようであるが、有賀がいうように、端的に、石神という山村において「他に生活保障の手段のない……政治的・経済的・社会的条件の中」で、「物心両面の相互給付関係」が「大家族」やマキつまり同族団として形成されたもの、と見るべきだろう。

Ⅱ 日本農村の東西南北

中型ハーベスターによる砂糖黍刈取状況。この頃はまだ手刈もあった（沖縄県竹富島。竹富町役場『竹富島の農林水産業』沖縄農林水産統計情報協会、1998年）

日本農村の二類型――東北型と西南型

†「日本社会民主化」の課題

次に取り上げるのは、福武直《ふくたけただし》『日本農村の社会的性格』（一九四九年）である。[1] この著作を福武は、「農村社会の日本的性格を追求することは、農村民主化の、そしてまた我国の民主化のための前提条件である」と書き始めている。さらにまた、「我国の民主化、すなわち古い社会から人間を解放しその解放された人間をして新しい社会を建設させるために、農村社会の変革を至上命令としなければならない」とも書いている。これらの言葉は、戦後日本の農村社会理解をよく示しているので、注意していただきたい。

まず第一に、戦前・戦中の日本社会の非民主的・軍国主義的なあり方を反省して、民主化こそが現在の課題だ、と説いていること。これは当時の多くの日本人に共通する理解であったし、私自身も同感である。それとともに、第二に、そのための前提になるのは、農村社会の民主化であると、まずもって農村を主題に取り上げていること。つまり、日本社会の基礎は農村にあるという認識なのである。近年の日本では、都市への流出によって人口減少が著しく、日本社会の中でそれほど重要な領域とは見なされなくなっているのかもしれないが、当時はそうではなかったし、現在でも決して重要性を失ってはいないと私は考えている。ただし右の福武の文章では、民主化が必要な社会領域として、否定的に捉えられているのだが、はたしてそうか。この問題については、本書のなかで次第に見て行くことにしよう。

先に見た鈴木栄太郎は、江戸時代の村が近代になってからは「大字」あるいは「部落」と呼ばれたが、それこそが農民たち自身の生産と生活の場としての「自然村」だとしていた。福武もそのような意味での部落を取り上げ、それに二つの類型があると述べている。すなわち「同族結合的部落」と「講組《こうくみ》結合的部落」とである。福武によれば、この二つの性格は多くの場合混じりあっているが、おおよそ「東北型」、「西南型」に分けられる。

†東北型の事例・秋田県農村

まず「東北型農村」の例として、福武は、「秋田県北秋田郡大館周辺の村」を取り上げる。紹介されているのは、下川村T集落、調査時点は昭和二一（一九四六）年七月である。敗戦から一年後、その意味でまことに貴重な調査記録といってよいが、ただ、戦時期における労働力

表1　自小作別・経営規模別戸数（明治4年、秋田T集落）単位：戸

経営規模＼自小作別	自作地主	自作	自小作	小自作	小作	計
（反）						
—3	1	…	1	…	1	3
—5	…	…	1	1	2	4
—10	…	3	…	4	4	11
—15	…	1	3	3	4	11
—20	1	3	5	4	3	16
—30	…	…	1	1	…	2
—40	…	…	…	1	…	1
計	2	7	11	14	14	48

不足や敗戦後の日本経済の混乱の下での農村ではなく、むしろそれ以前からのいわば「伝統的」な秋田農村の姿を描き出そうとしたもののようである。

T集落は、明治初年の戸籍調帳によると、S姓一三戸、J姓九戸、K姓六戸、M姓とA姓とが各一戸で、合計三〇戸だった。このうちS姓の親方本家がもっとも多い石高所有者で、この土地に来たのはJ姓よりも後のようだが、その後経済力を高め、先住の他姓を圧倒するようになったという。その後、転出者と来住者があり、また分家もあって、調査時現在の農家戸数は四八戸、そのうち一〇戸が明治以降の分家である。現在の所有規模は、S本家の田畑合計一一町六反が最大であるが、しかし、手作りを縮小して昭和一六年には完全にやめている。そのために「村への支配力は過去に比すべくもない」という。そのほか調査対象地としては、近在の仁井田《にいだ》村が取り上げられているが、かつて二戸の大地主がおさえて来た村という以上の詳しい説明はないので、おそらく類似の性

格の村なのであろう。

農業経営についての説明はあまり詳しくないが、記述の中から拾ってみると水稲作が中心のようである。つまり水稲作を営む家々からなる村なのである。東北地方に多い形態ということができる。経営規模からすると、表1に示すように、一町歩（一ヘクタール）から二町歩がもっとも多く二七戸で約五六％、一町歩以下が一八戸で約三七％、二〜四町歩が三戸で約六％となっている（ただし、この表は、それぞれの数字が「以下」か「未満」かが記してないので、厳密でない。おおよそと理解していただきたい）。

†本家と分家、マキという呼称

福武によると、この村の家族は一子相続による直系家族からなっている。つまり、長男だけが結婚後も家に留まって家の農業を継承し、次三男や娘は他出するのである。これは、東北だけでなく日本の農村一般に多い形態である。家の跡を継ぐ長男は、「アニ」と呼ばれていた。次三男は「オンジ」である。「オンジ」たちは、父親あるいは長男に従って家の農業に従事する。そしてしかるべき年齢になれば結婚して、運が良ければ分家してもらう。分家に当たっては、「家が建てられるかもしくは転絶した古家が買われると共に、馬や農具も与えられて一応独立した農業を営めるようにしてもらう。しかし土地の分与は極めて少ないのであって、一町歩（一ヘクタール）位の農家で一反歩（一〇アール）内外、二町歩位で二、三反、一〇町歩位で五、六反というのが標準」である。この程度の田畑ではなかなか生活できないから、その他に小作田が与えられる。つまり、本家から田を借りて小作料を払うのである。また、分家後も本家に「労力奉仕」することが「予定」されていたという。

分家は、本家に対して正月礼や盆礼を行う。つまり「正月一日または二日に、分家は本家に餅を持参して祖先を拝み、年賀を述べ、本家の振舞酒をうけ、また盆にも、墓参後本家の仏壇に礼拝を捧げにゆく」。そして、「農耕に関しても、強固な協力が本家分家関係に即して行われる。例えば田植についてみても、同族戸数二二戸におよぶS姓では、その大本家が手作をしていた頃には、大本家に集まって、その田植の日取りを決め、当日には少数の孫分家を除き一族をあげて参集したのであり、分家はその支派毎にいくつかの組を作って協同し、本家からは下男が助けに出たといわれる。同じくN姓でも、……本家を中心に一晩寄合って本家の振舞酒をのみながら分家すべての日取りを本家主宰で決定し、老幼をあげて協同した」。同じ郡内のある村では、「マキの田植は、本家が今は農耕を全廃していても、分家だけで各戸の田を順を追うて全戸共同して行っており、その順番は本年一番最初に植えた家が次の年は一番最後になるという具合である。そして田植の終わった夜『サナブリ』を、その年一番最初に植えた家で本家からの酒肴の補助を得て、本家の主人を中心に行っている」という。

ここで「マキ」といわれているのは、本家を中心とする同族団のことであって、先に見た鈴木栄太郎の著書でも、あるいは次章で見る関西地方でもそのようにいわれているので、かなり広い呼称とみることができよう。「婚葬に際しても、本家は常に主導的地位に立つのであり、嫁取りの場合をあげれば、客は大本家を仲宿とし、翌日はこの大本家で招待して朝昼二回これらの客に振舞う。さらに宗教的な講さえ……本家中心に行われていた」という。また、「本家分家関係の強い結合のあるところでは、組は不要」ともいわれている。鈴木栄太郎の言う「三重」の構造は不要なのである。

†本家・分家関係は地主・小作関係

このあたりでは、奉公人を別家する非血縁分家もあった。それは、血縁分家たる「身分れ別家」に対して「養い別家」といわれた。貧農の子供が若い頃から奉公し、成年に達して結婚して、やがて分家してもらうわけである。それは「この地方の少し大きい地主では極めて普通のこと」で、「仁井田村のI姓についていえばIを名乗る分家二一戸のうち六戸以外は、九戸が養い別家であり、六戸が更にそれから分かれた別家である。I姓では、かかる養い別家には通例一町五反から二町くらいの小作地を与えるといい、彼等はすべて現在も、多少の差はあれ、I総本家の小作人である。……身分れと養いとの差異は、かかる大地主になると、奉公中も明らかであり、食事の場所でも、中の間と台所というように違うし、分与額も異なり、分家後も、何か本家に事があるときの仕事の持場や位座などにあらわれる。しかし、それにも拘らず、本家に対する関係が主従である点では身分れと同様であり、身分れ別家も養い別家を軽蔑するようなことはない」。

以上のように、「本家と分家の関係は、同時にまた地主と小作の関係でもあった。……この場合、本分家間の小作料は、本家が小農である場合を除けば、本分家関係のない場合より安いし、その他いろいろな恩恵がある。それと同時に、小作関係は、単なる小作料納付関係ではなくして、労役の奉仕を伴う。この地方では、もはや名子的な形態はみられないが、それでも小作人たる子方的別家は、何かにつけて親方的本家に出入りして労力を提供する。……そしてひとたび困窮に陥るとき、本家地主の救援は常に期待しうるし、またその手は差し伸べられたのであった。……この点を少しく詳細に述べると、先ず一般に小作料は他の場合よりも一割乃至《ないし》二割は必ず安いし、更に極端な場合としては……収量二石二、三斗で二升五合という例すらある。かかる例は、……分家のとき自作地として与えようとするものを、別家の方で自分の所有にしておくと危ないからとて本家にあずけ、名義のみ本家のものとした、というような場合に生ずるのであるが、それは結局『本家さえしっかりしておれば食うに困らない』という同族意識があるから」である。「そしてこのような大地主になると、以前ではほとんど例外なく、田植時の植付米や端境期の飯米を貸したものである。すなわち、田植除草期には、その労働が激しいために、どうしても多量の飯米を必要とするのであるが、この米が、本家の倉にある籾米から借りられるのである」。

†高利貸地主も家族主義的関係

福武の紹介で理解しにくいのは、近在のN村では、「耕地約六百四十町歩中四百余町歩すなわち三分の二がほど遠からぬ大館の商業高利貸地主の手に移りながらも、旧来の小作関係を彩る家族主義的関係を失わない」とされている点である。これはおそらく、生活が苦しくなった農家が金貸から生活資金を借りて、しかし期日まで返却できなかったために、その担保として預けた田地を取り上げられ、しかし耕作は続けて小作料を支払うことになった地主小作関係であろう。このような金銭関係で成立した地主小作関係が、それにもかかわらず「旧来の小作関係を彩る家族主義的関係」を失わないとは、いったいどういうことなのか、なかなか理解しにくい。

福武は、その理由として、「それは、以上の如き親方本家地主と子方別家小作人の関係がいまもなお根強く残っているからである」と述べているが、しかし「本家地主」と「小作人たる子方別家」の関係の場合は、「身分れ別家」であれ「養い別家」であれ、本家地主からみて何らかの縁のある人物であろう。だから小作させながら別家として同族団に組み込むのである。それに対し、「商業高利貸地主」の場合は、貸金の利子取得が目的であって、利子さえ払わせることができるのならば、相手はだれでもいい。地主といっても、この両者は全く性格が違うはずである。むろん、後に山形県庄内地方の例で見るように、「商業高利貸地主」であっても、地主小作関係が永年にわたることによって両者の間になにほどかのパーソナルな関係が形成されることはありえよう。年末に小作料を納め終わると、地主は小作人に対して「皆済《かいさい》祝い」をするなどである。しかし、それと本家地主と分家小作の関係は全く性格が違うはずであって、「商業高利貸地主」も「旧来の小作関係を彩る家族主義的関係を失わない」として、基本的に同一視することには無理があるのではなかろうか。

†東北型の特質

「そして村は、かかる同族団と地主小作関係とによって規定される。すなわち、この地方では村が郷中であるとともに、その自律的行政機構もそれを構成する人も、同じく郷中と呼ばれるが、それを構成するものは本家株の数戸である。T（集落名）についていえば、敗戦後一二名連記投票となるまでは、S姓J姓K姓の本家乃至本家株六戸の世襲であった。そして特にその中でも、S大本家がいわゆる村の親方となり、J姓K姓の本家がその補佐役となっていたのである。村の親方としての権威は、同族的なそして同時に地主小作的な構造によって保証される」。

「かくして村の寄合も、郷中の決定事項の伝達に止まり、小作人別家階層は下座の方で拝聴するに止まる。……しかもこのような点は、村の政治のみに止まらない。村落のあらゆる生活が、……本家中心に行われる。……われわれの調査したTは、もはやこのような典型を示すものではない。けれども、それはまだそのような形を残している。そして、これが一村一同族によって固められ、地主小作関係が一本に集中し、その上本家の氏神が同族神であると同時に村としての産土神《うぶすながみ》でもあるというようなところで、以上のような型が、すなわちわれわれの同族結合型、そして東北型が、いかに典型的にあらわれるかということは、以上の素描から十分推測しうるであろう」。

福武のこの文章もなかなか理解しにくい。が、簡単にいうと、この地域では村が「郷中」と呼ばれているが、その郷中を支配するのは数戸の本家であって、これら一部の有力家で決めたことが村の寄り合いで伝達され、分家層は、それを集まりの下座に座って拝聴するだけ、というのである。福武によれば、それが「東北型の村」の「典型」だというのである。

†西南型の事例・岡山県農村

以上のような秋田県の村を「東北型」として紹介した上で、福武は、西南型として「岡山県都窪《つくぼ》郡吉備《きび》町大字川入《かわいり》、旧川入村」をとり上げる。「旧」といわれているのは、江戸時代の村だったからである。明治に入ってから、いろいろな変遷を経ながら、吉備町となり、川入村はその大字とされるわけである。この旧村、後の大字は、K本村、O、Hの「三部落に分かれ、……戸数は一時的な疎開世帯を除いて一五三戸、そのうち農家は現在では一三三戸である」。これでみると、当時この村には「疎開世帯」があったが、それを除いた常住戸数は一五三戸、そのうち非農家が二〇戸程あったので、農家は一三三戸だったようである。戦災を避けて都市から移住した一時的な「疎開世帯」がまだ住んでいるという、戦後昭和二二（一九四七）年という調査時点の状況を表していよう。

これら「農家の経営は、完全に水田経営であり、畑作は自家用蔬菜を除いては殆ど問題にならない」。「重要なのは裏作の藺草《いぐさ》であり、明治十年頃から栽培され……それを茣蓙や畳表に加工すること」が、女性たちの仕事であり、それが「農家にとって大きな収入源であり、非常に労力を要するこの商品作物の栽培が村の性格に大きな影響をもつように思われる。水稲の収穫は戦前において平均二石八、九斗……であった」。先の秋田の下川村については平均反収が紹

表2　自小作別・経営規模別農家戸数（昭和22年・岡山県K集落）単位：戸

自小作別 / 経営規模	自作	自小作	小自作	小作	計
—2(反)	5	…	…	3	8
—5	16	9	3	8	36
—10	18	17	16	10	61
—15	6	7	4	4	21
—20	…	6	1	…	7
計	45	39	24	25	133

介されていなかったので比較はできないが、小作料の事例として紹介されていた「収量二石二、三斗で二升五合」と較べると確かに反当収量は多いようである。「農家の有する農具は、共有も含めて、電動機九台、石油発動機五八台、牛馬七八（内馬九）、トラクター八であり、この数字は、岡山農村としては異とするに足りないが、東北農村に比すれば、はるかに高い生産力水準を物語るものであろう」。

これは、昭和二二（一九四七）年の調査時における川入の農家一三三戸の所有台数であろうか。そうだとすると、牛馬耕が一般的だった時期であり、そのことが一三三戸の農家に牛馬七八頭という数字に示されている。電動機、石油発動機の数字は確かに「高い生産力」といってよいのだろうが、ただ、その時点で導入されているトラクターとは、どのような機種だったのであろうか。

経営規模別の農家戸数が掲げられているが（表2）、それで見ると、一町歩以下が七九％、一〜二町歩が二一％、二町歩以上はなし、となっており、先に見た秋田の村に較べると、かなり小さいといわなければならない（ただし、この表も数字が「以下」か「未満」かが記してないので、厳密を期し難い）。しかしそれでも、秋田の村に較べて水稲平均反収が高いこと、それに加えて藺草の栽培と加工による収入で生活が成り立っていたのであろう。この岡山の村の特質として、福武は「各家の相対的独立性」を指摘しているが、それは、このような経済的基礎の上に成り立っていたと理解することができる。

†家族と本・分家関係

この岡山の村は、「四人乃至《ないし》六人の家族が多く、全家族の半数を超え、その平均員数は、五・二人である。……そして、その親族構成を分析してみれば、直系親のみの家族が一四〇であり、……傍系親のいる家族一三も、その性格は単純であり、既婚傍系親のいる家族は一戸のみ、それもその傍系親は子もなく、結婚後分家直前のものである」。つまり「東北型農村に於ける如く、結婚後十数年も働いた後に分家するのではなく、分家は大体、妻帯直後に行われる。その土地の分与の額は普通の農家で三分といわれ、家屋家具等を全部含めると四分というところが普通である。本家が分家より多くとる理由は、先祖を祭り、父母の老後を見、かつ従来からの家の交際をつづけるためである。この故に、財産分与の多少が本分家間の主従的な関係を生み出すことはない」。

「このように、分家が本家への同居を経ないで行われるのは、この地方に於ける生産力の相対的な高さが、次三男の労力を長く家に止めることを要せず、又比較的狭小な耕地によって生活できることに基づくのであり、同時に貨幣経済の酷しさが、下層農家の没落を激しくし、且つそれらの村外への流出を促進するために、分家しうる余地が生ずることにも、その理由が求められるであろう」。右の文章の最後のところ、理解しにくいかもしれないが、おそらく以下のような論理であろう。すなわち、この辺りの農村は、生活の中で自給自足的な部分が僅かになって、生活資料を貨幣で購入する部分が多くなって来ているため小規模経営の農家がしばしば生活困難に陥り、そのような農家が村外に流出することが多くなっているので、その農家の土地を活用して分家を創出することができるようになっている、というのであろう。

しかし、生活困難のために村外流出した分家の跡地に新たに分家を創出したとして、それらの新分家はいかにして生活を立ててゆくのだろうか。おそらく農外の職業に従事する兼業農家としてであろう。つまり、岡山の村が、秋田の村に較べて「はるかに高い生産力水準」にあるといわれているが、他方同時に、近在の地域の商工業が発展して、農外に就労できる条件にあるという点を見逃してはならない。

このような家族内の人間関係について、福武は続けて次のように述べている。「このような事情にあるから、家族内の生活に於いても、この地方では、次三男が長男よりも低い待遇をうけるようなことはなく、……『オヂ』といわれるごとき次三男一般を呼称する言葉は用いられない。そして、家長の権威も東北型農村ほどではないように看取され、その一つの例証は、後述するように、実行組合の役員などに、父たる家長をもつ青壮年層がかなりなっていることにも見出される」。

†本・分家関係は「株内」、組と講

福武によると、この岡山の村のあたりでは、同族団のことを「株内」と呼んでいるが、「そこには、主従的な本分家関係は生まれて来ない」。そして、「大経営の手作地主が古くより存在せず、不耕作地主化した少数の小地主が見られるにすぎないところでは、奉公人分家が成立しないのも当然のことであろう。かくて同族は、全く親族のみによって構成されることになる。株内とは、姻戚を除いた血縁集団にほかならない」という。

もちろん、同族団によっては、「慶弔に際しては本家を上座にすえるのが礼儀だといわれる」こともあり、T株のように、本家が金融業によって一二〇町歩の大地主になった株内では、その本家を中心にある宗教団体に所属するというような事例も見られる。「しかし、一般には本分家間の比較的強い結合は、兄弟関係乃至叔姪関係程度に止まる。そして株内として祖先を同じくしたという意識が、株内以外の村人よりは親しく感じさせるという程度が、普通のあり方であろう」。この「株内」については、後に近畿地方の事例によって見ることにしよう。「従って、同族の存在にも拘らず、……組の形成は、KでもHでも地域的に分割され、同族は組と交錯する」。ここでKあるいはHといわれているのは、先に紹介したように「部落」名である。つまりここでいわれているのは、三つの部落のうち二つでは、日常生活における共同が、同族団とは関係なく、近隣組織によっておこなわれている、ということである。

次に、福武はここ旧川入村における「講組すなわち講合あるいは講中とよばれるものの機能」について説明している。まずK本村においては、「北と南の二つの講中があり、それが戸数の増加と共に、南北講中の境と無関係に東西南北の四組合に分けられた。前者は実行組合の区分でもあり、後者は隣組でもあった。小さく分けられた組合は、……葬式組であり、同時にまた祭礼に於いて、その当番ともなる。この組合に対し、旧来の講中は……お日待講や……女中講などの単位となって今も残っている。その他、本村全体として、田植後の根付祈禱や、夏期各戸を廻っての廻り祈禱などを行い、五十年前までは虫除祈願も村の行事とされた」。その他の二つの部落でも、講合は複数の組に分かれ、それらが、各種の講、あるいは隣組や実行組合などの独自の機能を果たしている。

ここで「講」とよばれている組織については、第二章において竹内利美の解説によって見たが、元来は、例えば「伊勢講」など、仏教の信仰行事にかかわる集団である。しかしそこから派生して、社交、経済的互助などの機能を持つ組織、例えば「頼母子講」などにもなっているものである。しかし、右の文章で福武がいいたかったのは、同族団のように本家・分家関係のような家の出自にはかかわりなく組織されている集団で、とくにここでは、地域的に家々を分けた組織という意味で紹介しているのである。

†西南型の特質

こうして福武は、東北型の「同族結合的部落」に対して、西南型農村の特質を「講組結合的部落」と表現している。しかし、福武によると、「講組的な村に於いても、村の政治組織は講組的原則では行われない。各戸が完全平等なら、輪番と能力の原則が出てこようが、そのような村は現実にはありえない」のである。福武が事例として取り上げた「この村に於いても、……村の統制層には、家によるある程度の固定性があった。……けれども、この傾向は現代に近づくにつれて漸次変化してきており、農家上層の相対的固定性の故に全然くずれてはいないが、最近の大正昭和年間に総代になった家を辿ると、東北型と違って、必ずしも家を固定してはいない。また、本家株に限られるということも、全然ないように見うけられる。そして、早くから選挙形式がとり入れられ、大正中期頃までは『選挙ジャソウナ、マア頼ンドクネー』で留任が多かったにしても、その雰囲気は、少なくとも東北型農村の場合よりも異なる。しかも最近では、全く能力本位となる傾きがあり、小作農といえども有能であれば推薦されているのである」。

しかしこの村には、共有の山があったようで、その「山総代が部落の総代でもある形」を取っていた。「部落によっては、氏子総代も兼ねる場合もあり、これが村の統制者となる」という。そうなると、この「山総代」とはどういう人物がなるのか、が問題であるが、福武によると、「これらは三年ないし四年毎に改選され、比較的頻繁に交代が行われている」。ここでは、「この共有山が村落的な拘束力をもつ時代は、既に遠い過去となっている」のである。そして、「部落会長制になると、その仕事の煩雑であることにもよろうが、一年毎に交代し、しかも、嘗て山総代になったこともないような家から、就任している例も生じている」という。

ここで福武がいいたいのは、「東北型」と違って一部の有力家が部落を支配しているのではないということであろう。続けて「実行組合長やその委員に於いても、その任に当たるものが、必ずしも上層とは限らず、しかも……戸主以外の青壮年層からもかなり委員を出している」と述べているが、しかし、この説明にはかえって、農協の下部組織として農業経営に関わる事柄、とくに新しい経営方法の導入などに関わる事柄をも扱う「農事実行組合」の「長」や「委員」が、「上層」ではなく、おそらくは農外の兼業に出ていることが多い零細経営層であってもその任に堪えうるのか、という疑問を感じざるを得ない。他面、筋肉労働が重要であった当時の稲作において、その中心が「青壮年層」によって担われており、したがって農事実行組合の役員も「青壮年層」によって担われることは、理の当然として各地の農村において見られたと思うが、調査対象地だった秋田の村において、そのようなことはなかったのであろうか。この点についての説明はないので、分からない。

ともあれ福武は、以上のような岡山の村の状況を紹介した上で、「この村に於ける同族結合が微弱なこと、本分家間に主従的な色彩が全然ないこと、講組的構造が優越していること、……村落の政治機構に固定的な権威を欠くこと、村落共同体的な強制が殆どないこと、等を知った。そして最後に帰結されたのは、各家の相対的な独立性」である、と述べている。続けて福武は、当時日本農村を揺さぶりつつあった「農地の解放」が進むにつれて、「自立しうる農民も多くなり村の講組的原則はいよいよ貫かれてゆくであろう」と結論している。しかしその上で「それで村の将来は救われるのだろうか」と問い、将来への道は、「各戸の独立を完成するための共同への道でなければならない」と結論づけている。

†類型論の問題意識

以上見てきたような「東北型農村」と「西南型農村」の類型論に関して、著者の福武は、後に『村落社会研究会年報I』に掲載の論文[2]において、それが「有賀喜左衛門の同族と組に関する分析[3]」に触発されたものだったと述べ、「しかしこの(有賀の)分析で構想されたものは、村落構造それ自体の類型の問題であるよりも、家の結合形式の対照的説明であり、しかもそれは条件次第によって相互に転換しうるものだった」が、自分(福武)はこの有賀の提起をうけて、「同族構造と講組構造という二つの類型を提示した」。「この構造の二類型は意外に他の専門分野の諸学者の注目を引いた。しかし、この類型区分は、やはり大雑把にすぎるし、言葉としても、必ずしも適切ではない。……第一、二分的構成のみで問題を処理することが無理であり、さらにいくらかの細分を試み、しかもより豊富な実証研究によって基礎づけ、広い視野から再構成することが必要である」と反省の言葉を述べている。

福武直は岡山県の出身、出身地の岡山の農村と東北の秋田の農村との対照に強い印象を受けたのかもしれない。そこから、福武の課題意識は、特定の対象農村の事例研究、モノグラフそのものではなく、比較、そしてその間の類型化、その意味での理論化におかれることになったのではないか。そして、さらにその背景にあったのは、先に紹介した「日本社会の民主化」という実践的な問題意識だったのである。こうして福武はさらに、「村落構造の類型論は、必然的に村落構造の展開論と結びつかざるをえない」と述べている。その「展開」の先に見通されたのは、「生産力の上昇のため」の「協同化」の道であった[4]。

†竹内利美の性別・年序別組織

このように、福武直は村落社会の東と西の対照的把握について、後に反省の言葉を述べているのであるが、しかしこの課題は、多くの社会学者の関心を呼んで、さまざまな研究がなされている。一例として、竹内利美とその研究グループによる性別・年序別組織の調査研究を挙げておこう。[5] その背後にあった問題意識は、「若者組ないし年齢集団は、東北地方では未発達であったという見解」が学会の通念となっているように見え、そして「戦後には、この現象を村落構成における同族的家連合の優位とからみ合わせて、西南日本の村落構成と対比させ、その特質を短絡的に説くことにもなったらしい。また文化人類学の方からは、それを民族社会構成の祖型における『南北の差異』を示すものといった見解も呈示された」という当時の学会状況をふまえて、それに対する批判として提示された研究である。

この調査研究は、宮城県の農漁村、静岡県伊豆半島など日本各地で実施されているが、その要約的な概括において竹内は、年齢集団の「二つの型」として、「階梯型」と「塁積型」を提示して、次のように説明している。まず「階梯型」について。「ムラの成員が性と年齢の別によって帰属すべき仲間の枠がはっきりできていて、しかも人びとは年齢を加え、家庭内の地位がかわるにしたがって、順次、上位の仲間に所属をかえてゆく。しかし、性はかえようがないから、自然、そこでは男の系列と女の系列との二筋になるが、それらはけっして個々別々の存在ではなく、お互いに関連しつつ、ムラ生活の協同機能の一部を分けあっている」。この説明だけではお分かりいただきにくいと思われるので、竹内が一例として示している宮城県牡鹿町（現石巻市）小網倉の図を掲げておこう（図を参照）。このうち「家長組は実はムラ（部落・町内）そのものであるから、いわゆる年齢集団とは考えられていない。……また、女側の系列は年齢というより、むしろ家族上の地位に対応しているとみることができ、それは、男側についても、充分注意すべき点」である。

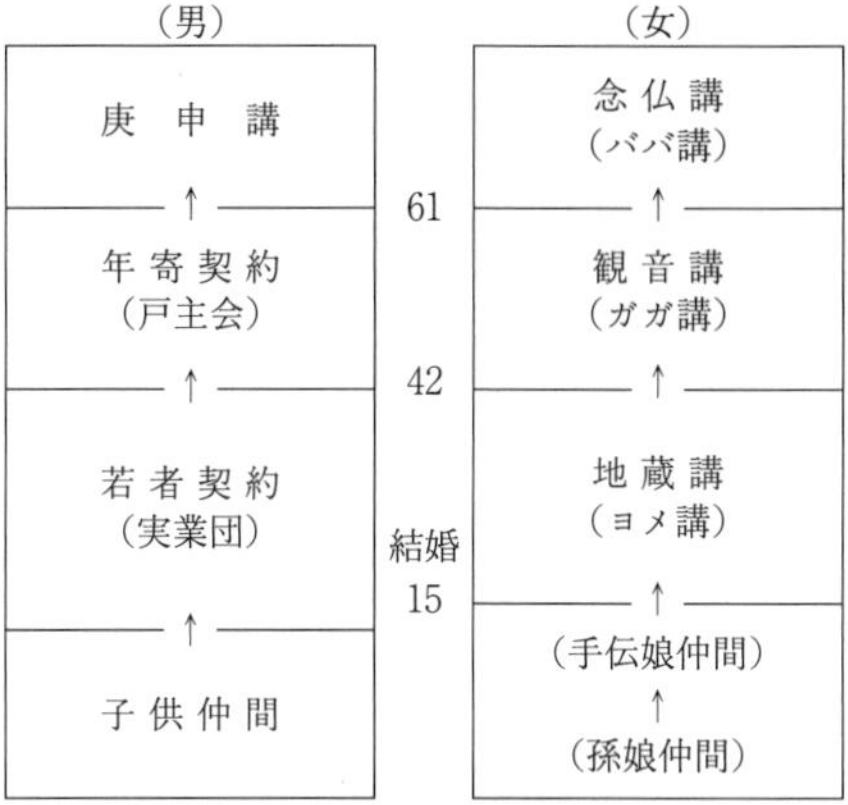

性別年序別組織の例（宮城県牡鹿郡牡鹿町小網倉）

他方、石川県輪島市の事例による「累積型」とは、「男女を問わず成年後になると、同輩のものが任意に仲間をつくり、終世親しく交際する。これを『連中』とよぶ。連中はいくつか任意にできるが、これに入らぬものはない。だからムラ全般からみると、こうした同輩仲間が横にいくつかならび、また世代的には縦にいくつか積み重なるが、相互の連繫はほとんどない。同じ仲間は年齢を重ねても解体しないのである」。このように「二つの型」の概略を説明した上で竹内は、子供組、若者組、寝宿慣行などの具体的な説明に入っているが、ここでは省略せざるをえない。

ただ注意しておきたいのは、竹内の研究は、「農村社会の民主化」というような実践的な意図や、類型化あるいは「民族社会構成の祖型」如何というような理論化のねらいなどにはむしろ批判的な姿勢で、各地の実態の把握と説明に徹していることである。竹内利美については、先に第三章において『「熊谷家伝記」の村々』についての歴史社会学的研究を紹介したが、そこにおいても淡々とした解説に終始している点は同様である。

第五章　まず西へ

†西日本に視線を移して

　前章で見たように、日本社会民主化の課題を意識しながら、福武直は、日本の農村を「同族結合的」と「講組結合的」との二類型に分類して、前者を「東北型」、後者を「西南型」と名づけたが、しかし福武は、後にこの類型区分は「大雑把にすぎるし、言葉としても必ずしも適切ではない」と反省しているのだった。私もそう思う。ただ、日本農村といっても、時代により地域により様々であって、簡単に日本の農村とはこうだといい切ることはできない、ということを教えている意味では、今でも学ぶところ多いというべきであろう。私たちの立場は、それぞれの地域ごとに事例として取り上げ、その綿密なモノグラフ調査を行って、そのなかからいわば意味的な普遍性をつかみ取る、という方法であった。そのような立場から日本農村社会学の多くの研究を見渡すと、まことに様々な村の実態が報告されている。この本は、それらの多くの研究を見渡しながら、日本の農村の種々相をできるだけ多面的に学ぼうというところにある。

そこでこのあたりで、西日本に視線を移して、松本通晴《まつもとみちはる》『農村変動の研究』を取り上げることにしたい[1]。刊行されたのは、一九九〇（平成二）年、戦後の農地改革による日本農村の改変も終わって、「高度成長」のなかでの日本農村の「変動」が問われた時代である。著者は、京都の研究者であり、その研究対象も主として近畿地方に集中していた。ただしその研究手法は、各地のアンケートによって、それぞれにおける農村社会の特徴的な構造の分布を明らかにすることを目指しているので、第三章で引用した歴史家の言葉を借りれば「現存の事例を横並びに」する民俗学的手法の社会学版であり、「表面的な考察に終始」している感があって、特定地域のモノグラフ的解明という点では、やや物足りない。が、そのなかから、近畿農村の特徴的な姿を拾い上げてみることにしよう。

松本によると、「近畿の村落を特徴づける第一の要因は、いままで宮座《みやざ》であるといわれてきた」。また、「第二の要因としては、……近畿村落における同族結合の問題である」。そして「第三の要因として、親方子方があげられる」。さらに「第四の要因には、講組結合があげられる」。これまでの研究史をこのように整理しながら松本は、これらの「要因」ごとの諸研究を整理・紹介している。

†宮座と同族

まず、宮座について松本は、「宮座は基本的に株座として規定されるべきか」と問題を提起して、ある論者の「ある特定の家々だけが独占的にまた輪番的に村の全住民を代表して神社の祭祀に関し常時特別の重い権利と義務を有する慣習的組織」という説、また別の論者の「一定の家格の家」に基づくという「封建宮座制」説などに疑問を呈する立場から、近畿各地の「宮座」の調査研究を行っている。

その結論として松本は、近畿農村で宮座といわれているのは、それぞれの村つまり大字に存在する「氏神」の祭礼を主催する組織であるが、「まず京都府下については、その（調査の）対象領域は五畿内の一つ、旧山城国に属して宮座の多いといわれた地域である。……調査の回答には、旧大字のほとんどに村氏神があったが、神事はすでに旧来の家筋によってとりおこなわれることが少なく、いわば株座の存続は非常に弱かった」と結論している。

次に滋賀県（近江）であるが、ここでも調査された「集落には、ほとんど村氏神があった」が、その「神事には、祭祀を行う家筋が一定している場合」があり、それらは「多く長老、若衆など年齢順によって神事の役割を定め、祀りの当屋を順番にし、神主の交代」も行うなどであった。著者は「このパターンはいわば、宮座の原型につながるもの」であると見ている。しかしそれでは「この原型からはずれた形式、すなわち神事の役割が年齢順でなく、祭の当屋が順番でなく、神主も交替制でない祭祀の形態とは一体どういうものであったろうか」というと、「そのおもなものはくじによるもの、家順によるもの、村の役職者によるもの、選挙によるもの、組で順番、当番制、……などとなっている」。つまり、「封建宮座制」などというものでは全くないのである。

また奈良県(大和)の調査では、「集落の約九割には村氏神」があり、「神事の役割」が「一定の家筋によって担われる割合は滋賀県より高」かったが、他方「神事に全戸が参加するのは滋賀県においてはるかに高かった」という。さらに和歌山県(紀州)の宮座については、「集落所在の氏神はやや少なかった(七〇・五%)。これは和歌山県が三重県についで集落所在の神社を多く整理したことによる。氏神祭祀には今日、大多数の集落で全戸が参加し、特定の家筋による祭祀事例は非常に少なかった」という。「いいかえれば、株座をとどめている集落は奈良県や滋賀県に比してはるかに少なく、わずかに一五%にすぎなかった」としている。これらの松本の調査は、各県の「宮座」について、その担当者による比率を明らかにしたものであるが、担当者が「特定の家」だけ、「一定の家格」によるなどの、いわば「封建遺制」説に対する批判として興味深い。

第二の同族組織について、松本は、やはりアンケート調査をおこなっているが、その問題意識は、「同族組織の存在について近畿で問題とされず、むしろ東北地方や信州・甲州の特色としてとされてきたこと」に対する疑問であり、調査の結果「これはかならずしも事実の上で妥当しない」と結論づけている。すなわち、近畿北部では同族団の名称には、「一つには株によって代表される名称があり、他方また、マキによって代表される名称もある」。また、一部地域では、「株中《カブチ》」と呼んでいる地域もあるという。

このように同族団の名称の分布を明らかにした上で松本は、「株ないし株中の名称は丹波を中心とし、マキないしマキウチの名称が但馬・丹後を中心として、截然と区別される」ところに、「いわゆる文化圏の相違を思わしめるのであるが、果たしてどうであろうか」。他方、滋賀、奈良など近畿南部では、本家と分家の集団は「通常イットウによって代表され」、「これは近畿北部の村落ときわめて対照的である」。このように名称に違いはあっても、本家と分家の一団が集合するのは、「吉凶時の義理、先祖の祭」が多いようである。松本は、このように実質的な行事内容は同じであっても、呼び名が異なることを見出して、「その背後に、いわゆる文化圏の相違を思わしめるのであるが、果たしてどうであろうか。今後の問題として残されている」と問題提起している。

このように歴史的地域区分と地域組織の呼び名に対応があるとすれば、たしかに文化圏の問題として興味深い研究課題であり、そこに習俗の伝播の問題を読み取ることができるであろう。

第三章で歴史家の指摘によって見た「現存の民俗的な事例を横並びにして」整理する民俗学の手法は、この問題を取り上げようとするものだったといえよう。しかしその場合でも、「なぜ、いかにして」というモノグラフ調査の課題は、可能な限り追跡されなければならないことはいうまでもない。さらに、これまで見て来た農村社会学の研究史にまで立ち戻ってみれば、近畿農村における、同族団に対するこれらの多様な呼び名の存在は、同族団を東北型とする認識に一層の検討を迫っている意味でも、興味ある調査結果というべきであろう。

†親方子方と講組結合

他方、第三の要素としての「親方子方」については、『三重郷土史』(京都府中郡)には、「村内徳望家《とくぼうか》又は身分相当の者を頼みて親方と称す。親方は肉親の父兄に亞《つ》ぎての後見役にて爾来同様の出入交際をなす」とされているという。また『与謝郡誌』(京都府)には「身元あるものを頼りて親方と為す」とあるという。その他、「村内徳望家」とか、「威望あり裕福なる仁者」とか、形容は様々だが、要するに村の中で名声・人望のある者や経済力がある者に頼んで親方になってもらうようで、これは「株」あるいは「マキ」などと呼ばれる同族組織が家を単位に、本家・分家という家の成立に関わる歴史的な結びつきによっているのに対して、特定個人を選んでお願いするという点で特徴的といえよう。これら親方子方の集合は、「盆正月の付合、吉凶時の義理、労働の互助、など」のようである。

親方子方の関係が、このように個人間の関係であるなら、その個人が村を出て都市に仕事を求めれば、それは農村内部だけの関係でなくなることもあるだろう。この点に関して、奥井亜《おくいあ》紗子《さこ》の「但馬出身者」による「餅系」食堂を事例として取り上げた論文が、興味ある調査結果を示している。(2)それによると、「都市自営業に流入した労働力型都市移住者」のなかにも、「親方子方」規範が深く浸透して、「あるべき親方」規範が「論理」となって戦後京阪都市圏における「餅系」食堂の繁栄を下支えしてきたが、しかし、「村落社会」におけるそれとは「比較にならないほど実態面でのダイナミズム」を示しているというのである。

しかしこれは、都市に近い近畿農村部のことである。親方子方の習俗について服部治則《はっとりはるのり》は、山梨県下の農村において詳細な調査研究を行っている。(3)その対象地の一つ山梨県巨摩《こま》郡西山村は、昭和の初めまで「交易のごときも峠における物々交換の形式による取引を主とし、峠を越えて町場に出ることはきわめて稀」という山村であった。そこにおいて、「実の親子でないものが、頼み頼まれて親子の約束をして家族・親族に準ずる交際をなすこと」、つまり「親子なり」の慣行として、「一、名付親（取上親）、二、ヒロイオヤ（拾い親）、フデオヤ（筆親）、エボシオヤ（親分どり）、カネツケオヤ（鉄漿付親）の五種」が見られたが、これは本分家関係とは別であって、「本家格の家だけでなく分家あるいは孫分家であっても親分たりうる」という。それは、「村内での特に親密なる交際の範囲を広くし、かつ交際の親密さを強固ならしめる」ことであって、『『友達』関係を何程か制度化したものが、この地域の親分子分関係」であるとしている。そして、焼畑耕作が行われているこの地方において、その各種農作業において、相互の「ユイガエシによる共同労働」が行われており、「注意すべきは……親分が子分の、本家が分家の作業もするのであって、一方的な関係ではないことである」と指摘している。なお、第四章で福武が紹介していた秋田の村では、「本家が親方となる」といわれていたが、ここでいわれている「親方」あるいは「親分」は、あくまでもしかるべき個人に依頼して引き受けてもらうものであって、言葉は同じでも意味は違うと見るべきであろう。

第四の要素として松本があげる「講組結合」は、先に紹介したようにすでに福武直が述べていたが、福武の対象地は、「西南型」の岡山の農村だった。つまり、福武が調査した岡山農村と同様な家結合のあり方が、近畿にも見られるわけである。講については、先に第二章において簡単に見たが、組について、松本の近畿南部の調査では、「今日の組単位の主要機能は葬式である」という。また、組単位で伊勢講などの「講」をもつ場合もあり、その他「盆踊」が多いという。組は正月の「初寄合」で集まるところ、また「道普請、川掃除、池堤草刈り、区有林、氏神山の手入れ、田植にも共同作業でするところがある」。しかし「これらは今は少ない」とされている。

†「最寄」と「株内」——京都府綾部市

以上、松本通晴の調査結果を中心に、関西地方の村落について、宮座、同族、親方子方、講組について見てきたが、松本の調査は、近畿各地の大字組織を対象とするアンケート調査によっていたために、これらの「要因」の地域的分布については詳しいが、それらの内部に立ち入った、農民たちの生産と生活とにおいて果す機能については、理解しにくかった。そこでここで、鈴木俊道《としみち》の『東海と関西の戦後村落社会の変容』によって、関西地方の「株」と呼ばれる家々の関係を見ることにしよう。(4) 鈴木が取り上げているのは、京都府綾部市の十倉という集落である。「十倉は綾部市内から東北へおよそ一五キロほど離れ」たところにあるが、「南北両側にそびえる山あいを東西に走り抜ける上林川に沿って、耕地整理のなった水田が広がっており、山すそに家並みがたちならび、畑が点在している」。

ここ十倉は、江戸時代、谷という旗本領の村だった。近代に入って、明治五(一八七二)年の戸数一六〇戸、昭和四五(一九七〇)年には一五二戸、その大半は農家である。一〇〇アール(約一町歩)未満の零細農家が九〇%をこえる。したがって兼業が多く、兼業内容は賃労働、人夫・日雇、林業自営、事務職などとなっている。昭和四七(一九七二)年現在、これらの家々は、「志茂(戸数四四)、中(三〇)、名畑(四九)、向(二四)の四つの最寄(自治会)と呼ばれ

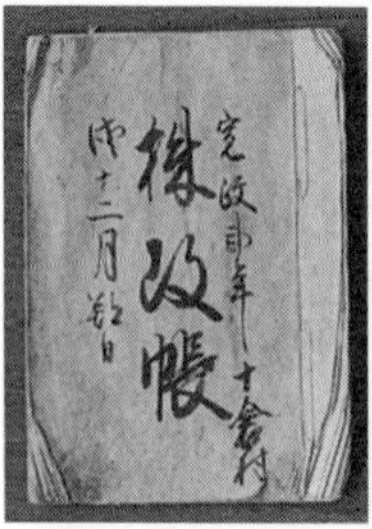

京都府綾部市十倉の「株改帳」寛政二（1790）年（左）と株墓（右）（鈴木俊道『東海と関西の戦後村落社会の変容』2013年）

る地区から構成されている。これらの最寄は、自治会として綾部市行政の下部組織の役割を果すと同時に、村落自治・葬儀その他の共同生活全般にわたる不可欠の生活単位ともなっている。これらの最寄はさらに近隣組織としての組に分けられる」。ところで「各最寄の内部に目を向けると、各最寄はそれぞれ同一系譜につながるいくつかの株中から構成されて居る点が特徴的である。いわば株内の連合の上に最寄が成立している状況である」。この「株」という名称は、近世江戸時代から土地売り渡し証文などの文書の上に、例えば、その売り渡しを保証する「株之内証人　吉右衛門　印」などと現れている。また、それぞれの株内に所属する百姓名が記載された「株改帳」が領主に提出されており、株は公的性格を持っていたことが分かる。

†株の成立と変化

この「株」という組織を編成する農民は、本家とその分家だったようで、内実は、社会学でいう同族団と見てよいであろう。しかし鈴木によると「株内の成立は近世以前に認められる」という。つまり、「慶長三（一五九八）年名寄記載帳」には、五人の名前（株）が記載されており、これらは「中世の在地土豪」だった家の後裔が五つの株に「分立」したものという。こうして形成された「近世初期の株内の内部の家関係は、基本的には本家＝本百姓、分家＝下人であり、社会生活における全ての権利諸役は本家＝本百姓の専有負担するところであり、極めて身分的色彩の強いものであった」という。

ところが「一七世紀後半から一八世紀前半ごろになり、産業経済の発達の中で……分家の本家からの経済的独立が進み、……いままでの本家中心の株内から、本家と分家との家連合としての性格を強めた株内に徐々に変化して来る」。つまり、中世の在地土豪を中心に分家＝下人を含む従属性の強い集団から、経済発展の中で、分家の独立性が強まって、本家と分家の家連合としての株内に変わったというのである。しかしここで、「分家＝下人」と簡単に表現されているが、この場合の分家あるいは下人とはどのような存在だったのであろうか、また、「中世の在地土豪」とは、どのような存在だったのか、第3章で見た郷主とは違って、武士身分ではなかったのか、より立ち入った解明がほしいところである。

また、そのような状況から「分家の独立性」が強まる契機となった「経済発展」とは、どのようなものだったのであろうか。この点についても鈴木は具体的な説明は行っていないが、近畿北部丹波および丹後の一部の実証研究を行った余田博通は、先行研究にも依拠しながら、変化は「領主側と農民側の双方から」進められたとして、領主の側からいえば「役百姓の数を増加させることは諸役賦課の直接の対象の増加を意味すること」であったが、農民側については、「治水灌漑技術の進歩による耕地の増加、牛馬耕・犂耕の普及、栽培・施肥技術の進歩などは生産力を上昇せしめる」ことを挙げている。たしかにそうなると、「なお本家・分家関係、主家下人関係・同族団関係が完全に消滅したのではない」にしても、本家と、上昇した分家とからなる「本百姓すべて」によって、村落が構成されることになるだろう。余田によると、そこに「宮座」、「かぶ」と呼ばれる同族団が成立したというのである。(5)

再び鈴木俊道の記述に戻ると、「綾部市内では同族結合を基礎とする集団がかなり広範囲に見られそれらは株、あるいは株内と呼ばれて」おり、それら「株内のつきあいは婚葬と仏事が中心であるが、周辺農村部ではそのほか普請の手伝い、農繁期の相互扶助・病気時の援助・株講など、日常生活の多くの面でそれが認められる」という。これら本家と分家の連合つまり「株内」という農家集団をいわば上から掌握して、支配行政の組織としていったことを示すのが、右に見た「株改帳」、土地売り渡し証文における「株之内証人」等の文書なのであろう。

†「虫供養」、地付きの信仰と特定宗派との対立と習合

以上の西日本農村についての解説で強い印象を受けるのは、「伝統的」ともいえるようなさまざまな慣行、習俗が語られていることである。右に文化圏の問題として関説したように、そこに習俗の伝播の姿を見ることができよう。近畿よりはやや東に戻ることになるが、鈴木俊道が、一九五〇年代以降の「高度成長」によって大きく変容した後にもなお「村落は残存している」として紹介している愛知県知多半島各地の「虫供養」などもその例といえよう。

現在でも常滑地域と知多地域の一三ヵ村にある元和二（一六一六）年と記された虫供養の「宝物」の一つ「定板《ていた》」には、「一二の干支年と一三の村落名が記されており、そこに記載された順番どおり、一年一年当番村落が交代して今日までその行事を続けてきている」という。それは、「道場供養」、「大法要」、「巡回拝礼」という三つの行事からなるが、これらは、「近世から明治、大正、昭和と社会が激動するなかで……大きな影響を受けてきた」が、「しかしなお、今日でも一三の村落にとっては一二年に一度の大行事であることには変わりがない」。先に紹介した福武直も、「東北型」とは性格が異なるとして描いた西日本の農村に、「講組すなわち講合あるいは講中とよばれるもの」によって「お日待講」や「虫除祈願」などの「伝統」的習俗が行われていることを紹介しており、「西南型」に伝統的習俗が色濃く残っていたことが知られるのである。

しかも、ここでさらに興味がもたれるのは、鈴木が、特定宗派の支配が強い地域では「日常生活への宗教的規制の強さ」によって、「他地域に比べて、民俗行事は少ない」としている点である。ここで紹介されている「虫供養」は「農作業で殺生した虫の霊を慰める農家の虫供養と死者の追善供養とが合体したもの」と推測されているが、「殺生した虫の霊を慰める」とは、おそらく、そのことによって来年も虫害がなく、豊作がもたらされることへの願いが込められているのであろう。このような農作業の現場に根ざした豊作への祈りと近親者への追悼の行事とが、特定宗派の支配力によって衰退することがある一方、他方では地域の伝統文化として、根強く維持されていることに強い印象を受けるのである。先に第三章で紹介した「中尊寺領骨寺村」において、「宇奈根社」という「畦畔の畝(うね)」に由来する「里人の古来の信仰」が後に領主支配の下に組み込まれ、仏教の入来によって「上書き」されながら「千年の信仰」として受け継がれて来ている、とされていたことを思う時、日本人の自然に対する地付きの信仰と招来された「宗教」との対立と習合の関係に深く想いをいたさざるを得ないのである。

†四国山村——田畑と家屋がスギに食いつぶされる

次に、西といっても近畿農村から一つ海を渡った四国農村を訪ねることにしよう。高知県山間部、大野晃《あきら》のいう「限界集落」化した山村である。(6)「山村」といわれるような農村は、むしろん全国にあって、平地農村とは異なる特有の生産と生活が繰り広げられているが、ここで取り上げるのは、高知県仁《に》淀《よど》村（現仁淀川町）である。大野によると、高知県は、「林野率が八三・五％と全国一高く、一九九〇年全国に先がけて人口自然減となった」という。その「県下の代表的な山村である仁淀村」である。この数値によると、全国的にも「代表的な山村」といえるのかもしれない。

その仁淀村のなかでも、「長者川の支流をのぼりつめた標高四五〇mの急傾斜地に家々が点在している戸立集落」である。一九六〇年当時戸数二一戸だったが、一九九三年には一二戸になっている。役職は区長、副区長、会計の三役、集落運営の費用は「暮割」として、各戸一万円徴収、また戸立の氏神椙森神社の二回の神祭に一戸当たり一〇〇〇円が徴収される。道役は年一回各戸一人役の出役で通学路の整備と補修を行っている。

「ところで、この戸立集落では、田畑への植林が農業生産の大きな阻害要因となっていることから、農地を農地として有効に生かすために、一九六七（昭和四二）年、当時一八戸の世帯主全員が『戸立の住民は……田畑に森林ノ新植ヲスル事ヲ厳禁スル事誓ヒマス』という誓約書に署名捺印し、集落全体で農地への植樹規制をしている」という。

また、「村の中心市街地へ二〇㎞ほどの距離にある太田集落は、仁淀川の支流をのぼりつめた標高五五〇mの山腹にある」が、かつて一八戸だったのが、現在六戸となっている。役職は区長だけで会計を兼務、車の運転ができる人が引き受けざるをえない状況である。集落の共同作業は、七月の「草道始《くさみちあけ》」、「これは各戸一人役の出賦で生活道、山道の草刈と補修、溝さらえを行うもので、出不足は二〇〇〇円となっている。この集落は上組と下組とからなっているが、上組は全戸九戸が集落を離れ、「その数年前か離村時に田畑へ植林」していった。「このため、上組の田畑と家屋が『スギに食いつぶされ』、下組にまでその包囲が及ぶことに危機感を持った住民が植林規制を提起。一九六九（昭和四四）年、集落に『太田部落会農地保護会』が結成され、規約を作り、制限区域を図面に明記することになり、以来植林規制を続けている」。その規約によると、「……二、一番から二十三番迄の境界線を作りその内線の土地は『果樹を除き』造林禁止区域とす。三、制限区域内に果樹を植える場合も四米を控える。……四、区域外に造林する場合も、隣接耕作地に対しては四米を控える」とされている。

†高齢者の山地農業と水資源の保全

この集落の「農家の耕地面積は四五二a《アール》で、このうち水田が四七a、畑が四〇五aとなっている」。水田は棚田で、「戸立同様零細分散な耕地形状」にある。「水田はすべて水稲」であり、反収は六俵ほどである。「畑……は茶園が二〇五aと五割を占め、次いでゼンマイが一二七aとなっている。……また、自家用野菜のほかにタラや榊も若干作られている」。「全戸太田を出ていった上組九戸の田畑はその大半が植林されており、まったく農業ができない状態であるのに対し、この下組では七〇歳を過ぎた高齢者がゼンマイ等を栽培し、わずかではあれ所得を得ている。これは植林規制によって陽当たりのよい傾斜地を農地として守っているからこそできることであり、高齢者の労働力を少しでも生産に結びつけた生きがいづくりの好例である」。

こうして著者は、「山地農業の発展を志向するとき、田畑への植林制限を環境保全をも含めて全村的に見直していく必要がある」と述べている。田畑への植林によって「田畑と家屋がスギに食いつぶされる」とは、これまで見てきた平場の農村では考えられない状況であり、そこで田畑への植林禁止を集落の集会で決議し、あるいは「四米《メートル》を控える」など、山村の厳しい条件のなかで考え出された、涙ぐましいほどの知恵であり、これもまた日本の農村の現実として十分に認識しなければならない。そしてまた、著者大野がいうように、この問題は山村自体の問題であるだけでなく、下流域における「水害や水資源の枯渇問題が発生し下流域の都市住民の生活に不安をもたらすことになる」のであって、私たちは、見てきたような山村住民の努力が「社会的に価値ある行為であることを自覚」しなければならないのである。ここに私のコメントを一つ付け加えさせていただくと、杉の植林が広がると、そのあたりの自然の植生（いわゆる雑木林）を失わせ、本来の動植物（山野草や昆虫やキノコ等）の成育環境を失わせる。「自然がスギに食いつぶされる」ことも忘れてはならない。

第六章　南と北

†視線を南に移して

　これまで東北地方から始めて、本州西部と四国山間部における農村の姿を、農村社会学の研究によって見てきたが、しかし、日本はもっと広い。南と北に視野をひろげるとさらに様々な姿を、見ることができる。まず視野を南に移して、沖縄県である。私も沖縄農村を訪ねたことはあるが、東北農村に慣れ親しんで来た目には、なかなか理解が難しかった。例えば一九九六(平成八)年に、沖縄南部の佐敷町(現沖縄県南城市)を訪ねて、砂糖黍《きび》の葉が風にそよぐ風情を見ながら、一人の農民にインタビューしたことがある。

　その人S・Tさんは、昭和二二(一九四七)年生まれということだったから、その時四九歳、まだまだ働き盛りという年と見受けられた。屋比久《やびく》という集落で、砂糖黍を作っている農家だったが、自分は一五〇アールを、父は五〇アールを作っているとのことだった。自分は機械化を目指しているが、父は、今でも一本一本自分の手で斧を使って倒して、というやり方。畑は一区画の中を何人もで持っている。境には杭がある。去年から。それまでは一括だった。一戸当たり所有は二〇アールくらいになると思う。所有地は分散している。自分は全部請負、所有は一つもない。父と自分は、同じ屋敷地だが別棟に住み、別世帯。家の経済も、経営も全く別。

……などの面接記録だが、どうも理解しにくい。東北の水稲作農家なら、家の田圃は何アール、畑は何アール、自分は機械化をもっと進めたいが、父はなかなか賛成しない、などと答えが返って来るところだが、どういうことなのだろうか。砂糖黍農家だが、本人と父親は全く別経営のようである。家計も別という。それでも一つの家なのだろうか。

†大洋交易国家から農業国家へ

そこで沖縄農村についての北原淳《きたはらあつし》・安和守茂《あわもりしげ》の著書『沖縄の家・門中・村落』を繙いてみることにしよう。[1] まず歴史について、北原は、「大筋として、一三・一四世紀のグスク時代、一五・一六世紀の古琉球時代（グスク時代とあわせて「古琉球」とする区分もある）、そして一七・一八世紀の近世へと移るなかで、村落は丘陵や谷あいから平野部へと展開するなどの変化が」あったという。そして「現在の沖縄村落の構造的起源は、薩摩入り以降の一七世紀中葉から一八世紀中葉に至る政治的改革とその結果としての『近世村落』の成立に求められる」。ここで「薩摩入り」といわれているのは、一六〇九年の薩摩藩による侵入のことであり、その支配原理が持ち込まれたことを指している。「この時点で沖縄はそれまでの古琉球的な『大交易時代』の貿易国家体制から日本近世的な農業国家体制へと転換し、したがって王府による村落・農民支配が国家の死活問題となり、このような支配の強化が新しい村落社会形成の原因となった」のである。大洋交易国家から土地に依存する農業国家へ、である。

それは、なお「古琉球的な特徴を基層に連続させながらではあるが、次のような点で不連続と転換をともなった」。つまり「①士農分離による地頭層の多くの王府中央官僚化と農民層的な村役人化への分化、②公的な意味で農村住民の小農身分への一元化と士族地頭層の介在を排した王府による直接支配、③農民の土地緊縛と村内婚奨励化、④農民の行政村（間切）―村―与（くみ）への帰属義務の徹底化とそれを通じての農民収取の実現、⑤村への人的帰属を明確化した村切の実施、⑥結果としての自然村の行政単位化、等である」。ここのところも、これまで見て来た本土各地（本州・四国）の支配体制とは違うので、なかなか理解しにくいが、しかしそれにしても、これらの変化を、本土各地近世江戸時代の、支配身分としての武士と被支配身分としての百姓との分化、農民の土地緊縛、「自然村」を基層に据えながら村切りによって画定した藩政村への農民帰属、村請制による年貢徴収の徹底、等々と比較するならば、たしかに「日本近世的な農業国家体制」への転換と見ることができよう。

北原によると、この転換後「村の構成単位」となるのは、「ヤー（家）」だという。これは「本土」も同じである。しかし、本土のイエ（家）と比較すると、「実質的な家産の欠如や系譜関係の曖昧さ、そのような経済的法制的特徴とは対照的な儀礼的・祖先祭祀的側面での厳格さ」に特徴があるという。この後半の点については次に見ることにして、前半の「実質的な家産の欠如」とは、「地割制度」という「土地の私有が許されない小農制」によるようである。つまり、「土地の共有にもとづく共同体的構成とその下でのヤーの地租負担の人頭割」つまり「共産的地割（男女人頭割）」の原則である。こうなると、「本土」の家のように、家産としての土地はないので、その不平等によって村の成員間に格差が生じることはなく、「成員間の均等性、平等制」が現れる。おそらくここに、先のS・Tさんの発言が関わっているのであろう。つまり、砂糖黍栽培の土地は、本人は父親の経営地とは別に請負をしていて、それぞれが自分のやり方で耕作しているのであって、本土のように家の土地を親子協業で耕作しているのではなく、したがって税金も含めて家計は別、という生産と生活のあり方である。だから、北原の表現によれば、ヤーは「もともと地租、賦役等の公租を人頭割で課された公的負担民である個人が構成する自生的な核家族集団」ということになる。

†重視されるのは位牌継承

しかし、右に保留しておいた「儀礼的・祖先祭祀的側面」について見ると、「ヤーの理念型は長男が一系的に継承する直系家族」である。「この点は一見すると、本土の家に似ている」が、「異なる点は」右に見たように「経済的・法制的性格を欠くこと」である。そして、「婿養子をとらず、必ず父系近親から養子を迎えて父系出自原理を貫く」。このことも、ヤーが「経済的・法制的性格を欠くこと」と対応しているといえよう。つまり、本土の家は稲作や畑作の経営組織であるから、そのための協業組織としてしかるべき性別年齢別の成員構成を必要とする。だから、例えば男子がなかなか生まれず男子労働力が必要な時期になると、然るべき年齢に達した女子に婿養子を迎えて跡継ぎにする。この時重要なのは、協業組織としての家にとって十分な労働能力を持っていることであって、必ずしも近親者でなくともよい。また、村との関係においても、その家が、例えば水稲作の水管理や村の道路補修など、然るべき村仕事を担えることが要請される。だから「本土の同族の単位であるイエが、まず地縁=支配組織としてのムラの認定によって初めて誕生し、従ってムラ内部の家の戸数が無制限には増加せず、制限される傾向がある事情とは対照的である。本土の同族の構成が厳密にムラ内部に限定されるのに、門中がしばしばムラを越えて展開するという事実もこれと照応している」。

「跡継ぎが継ぐべき代表的なものは、位牌（お香炉も含む）、財産（ヤシキ・家，耕地、山林原野）、屋号等がある」が、「もっとも重視されるのは位牌を継ぐことであり、財産の相続は二の次であるといわれる。それはひとつには長い地割時代を通じて、土地が、屋敷地をも含め、私有権が認められなかったからであろう」。しかし、北原の調査対象地で「農家の農地所有面積が一町未満、圧倒的に五反未満という両集落の土地保有規模では、耕地の保持は家産の維持というより稀少資源の維持という意味もあるのだろうが、屋敷地だけでなく、耕地に対しても家産意識があることは否定できないように思われる。……ただし、このような耕地の家産意識は、土地の私有化が位牌の継承と結合して生じた近現代の意識と見るべきだろう」。集落の農家の耕地所有規模が「一町未満、圧倒的に五反未満」というようなことは、「本土」の農村ではあまり見られない。少なくとも一般の水田や畑でこの面積では、生活困難であろう。かりに農民自身がギリギリ生活していたとしても、近世江戸時代の領主にとって年貢徴収もままならないだろう。沖縄の住民にとって、また支配層にとっても、「耕地」が持つ重みは本土のそれとは著しくちがうことは否定できないようである。それが、耕地よりも位牌という家産意識に反映しているものとも思われる。

†「村の単位としてのヤー」と「門中の単位としてのヤー」

沖縄社会については、「門中」が重要な特質とされてきたが、しかし「農村社会への門中イデオロギーの浸透については地域差があり、最も早いとされる南部では近世末期であり、北部で門中が形成されたのは大正以降とみられている」。しかし、「その構造には共通する性質」があるとして、北原は、沖縄においては「『村の単位としてのヤー』は無家格的な核家族集団という性格をもつのに対して『門中』の単位としてのヤー」は、長男継承を厳守する制度的な直系家族的集団という性格をもち、その意味で「二元的性格をもつ」と指摘している。この第二の側面に関わる「門中とは本家を中心とする一族の団体」である。

その中で、「門中元家（ムートヤー）が門中存続の象徴として中心的な役割をになっている」。しかし、「門中における元家は、本土における本分家関係と同じ性質のものではない。本土の同族において本家の権威は政治的、経済的力に裏づけられており、本家が分家よりも政治的経済的次元で優勢ではないとき、本分家の序列関係は通常潜在化する。これに対して沖縄の門中では、門中元家は宗教的イデオロギーに支えられており、元家の地位は政治的経済的勢力の優劣にかかわらず、系譜的本源として、儀礼的に残余のヤーより不変に卓絶している」。

たしかに「本土」各地の農村では、一般に本家の保有地の一部を分与して分家を作るのであり、本家は分家に対して経済的に「優勢」であるのが一般的であるが、何らかの理由で、例えば「政治に手を出して」財産を失ったなどの理由で、所有地を失い、場合によっては村を去らなければならなかった、というような事例も時に見うけられる。土地を失って貧しくなれば、かりに村を去るまでには至らなくとも、同族団の中での本家の立場は失墜し、同族団のまとまりも失われることも少なくない。

沖縄の門中墓（沖縄県石垣市、著者撮影、1999 年）

　これに対し沖縄では、「門中の元家だけは別格であり、門中全体の高位の血筋を代表している感じがある。しかし個々のヤーの『血筋』はもっと下位の狭い近親の範囲で維持されているとみられる」。つまり、「数代前の実の兄弟に発して、現在はその子孫の範囲を含むリネージ（共通の祖先からたどれる親族集団）の範囲である」。前述のように、近世の地割制の下では、公租賦課は原則的に人頭割だったから、「長男のみが親の権利・義務を継承するイエ的なありかたではなく、人頭割負担者個人が構成する核家族的世帯がその時々の事情に応じてその都度、公租負担義務単位となったものと見られる。土地が許す限り、長男のみならず次三男も共有地を均等に分配され、租税負担を負う権利・義務があった」。だから、「近代になってもムラ内部で、もちろん……経済的制約はあったが、自由に分家を出すことに公的制限はなく、消極的ではあれ、新ヤー創設の権利を各ヤーはもっていた。……そのため、たとえば、佐敷町中心部新開の公営団地は次三男対策として建設されたのだという。世帯数の増加速度はかなり早い方に属する」。このように、「門中の単位」とされるヤーは「直系家族の理念型としての父系原理的単位」ではなく、むしろ「核家族的な側面」を持つことに注意しなければならない。

これに対して、「少なくとも現在では、門中は同一の『血筋』をひく集団というよりも、むしろ同墓集団としての意味あいの方が強く」なっていると見られる。「門中の亀甲墓の内部構造は、入口にあたる遺体を納めた棺置場の空間と、その後部にあって洗骨した遺骨を安置する納骨所の空間とからなる」。

†門中の範囲とレベル

「さて問題は、そもそもこのような『門中』とは何か、である」が、沖縄北部国頭《くにがみ》における聞き取り調査に基づいて北原は、「門中には、少なくとも、与那《よな》の例から見て、祭祀集団・墓集団・親族集団というレベルの差があるように思われる」とする。「このうち、下位の親族集団のレベルは、……数代の範囲内であり、系譜関係が記録なしに識別可能な親族集団にほぼ一致するか、それより下位の近親集団とみられる。かつては最上位の祭祀集団としての門中が、中・下位の墓集団・親族集団としての分節的集団を、始祖を同じくするという系譜伝説で結合し、包摂し、集団の範囲を広げていった。しかし現在はその最上位の門中結合に揺らぎがうかがわれ、場合により、より下位集団への分裂が始まるかもしれない。とくに、……三大門中の一つとされた上謝敷の祭祀集団としての役割が低下している点や、『前』門中の中で『神屋』の管理を巡って宗家論争が起きている点、などにそれが顕著である。より下位の分節をなす親族集団や墓集団としてのまとまりはあっても、それを複数包摂して同一集団とした上位の祭祀集団は衰退しつつあることが想定される」。

以上見て来たように、「先ず第一に、『門中』の範囲とレベルは、直接の親族関係が確かめられる記憶の範囲にある下位集団、共同で墓を利用する下・中位集団、墓を同じくする集団を複数集めた神屋祭祀の上位集団、というように、下位・中位・上位の各レベルでそれぞれ異なっている。下位集団(ニンジュ、ウチワ)はその可能性は少ないが、ほぼ中位に位置する同墓集団は、最上位の祭祀集団とならんで、『門中』と呼ばれる」。「第二に、下位の親族集団と下・中位の墓集団とは一致する場合が多いが、すべて一致するわけではなく、中位レベルの墓集団には親族関係が確認できない場合もしばしばある。したがって同墓集団もまた、系譜関係が確かな父系親族組織とはいえない」。「第三に、現実の親族関係が確認される下位レベルの集団はもちろん、系図作りや墓利用を通じて親族集団として認識される下位・中位レベルの集団の結合は相対的に強く、明確であるが、神屋の祭祀集団としての最上位の門中結合は確実に弱体化している」。……「しかし、中位・下位の結合はそれと同様には弱体化していない。下位の具体的親族関係が確認できるニンジュ近親集団はもちろんだが、同墓集団も、早くて昭和期、多くは戦後に形成されて、系図作り墓の共同利用等の機能的要件に支えられて、今もなおその結合は弱まっていない。これに対して神屋を祭る上位レベルの祭祀集団はすでに昭和期までがピークであり、近年の神屋祭祀の不活発化と共に、弱まって来ているといえよう」。「第四に、このような門中の流動的な再編成は、上位門中が主体となる村落祭祀のあり方をも変えつつあるようである。とくに、上位祭祀集団としての門中の結合が弱まれば、これまでも門中が担ってきた門中固有の行事が衰えてゆき、またその祭祀機能の一部が村に代位されることもありうるということかもしれない」。

以上のような村落祭祀と門中についての検討のまとめとして、北原は、「まず、伝統は、大正時代以降に限っても、かなり変化をとげていることが判明した。もちろん、たとえば、近代的背景には、本土（および那覇）への文化的包摂に対する沖縄的（および国頭的）アイデンティティーの対抗的創造の過程があり、また、現代的背景には、復帰後の人口の高齢化・少子化によるコミュニティー機能の衰退の要因がありうる。しかし、……一般に『伝統』の変化自体はとくに最近始まった現象ではなく、コミュニティー文化に内在的な長期的な変化の過程の一部ではないか、とも考えられる」としている。

†村落について

次に沖縄古琉球時代の村落・集落について北原は、考古学的調査結果を踏まえた研究に依拠しながら、次のようにまとめている。「近世村と違って、古代グスク時代の村落は、居住地とその住人が利用・所有する耕地・およびその水系とが同一集落・村落内に集中せず、周辺村にも広く分散しながらも、何らかの血縁的・祭祀的つながりによって小集落（マキョ）をなし、それらの複数の小集落が生活圏・稲作生産圏でつながって地域共同体的な村落（マキョ複合）をなし、それがグスクの首長を頂点とする政治的単位の末端単位をなす、という基本構造があきらかにされつつある」。

ここで、「水稲生産圏」でも、耕地やその水系が「同一集落・村落内に集中せず、周辺村に広く分布する」という状況は、「本土」の水稲作地帯に親しんだ私などには、まことに理解しにくいが、この問題、つまり「古琉球時代の利用地が『輻輳』していた」ことの「仮説的要因」として、北原は次のように推論している。「第一は、村落構造のあり方である。自然景観、社会集団としての集落はあっても、それが支配や財産管理のための地縁的単位であったとは限らず、むしろ地縁関係を縦断する何らかの血縁単位の方が重要だったのではないか」。その背景として北原は、「その時代の沖縄農村が、ムラのイエを租税単位とする属地支配的な本土の近世的構造とは異なり、租税の単位として人頭割を重んずる点で、東南アジアの前近代にも共通する『属人的支配』の傾向をもっていたのではないか、という仮説を今も放棄していない」という。

しかし、かりにそうであったとして、それはなぜか、というさらに次の問題が出て来るだろう。その問題について北原が挙げているのは、「第二は、新しいフロンティアを求める農民の移動がはげしく、森林と焼畑的耕地とが混在し、地目として区別がつかないような生態的状況である。東南アジアの過去、現在をみれば容易に想像がつくが、人口が稀少で森林が豊富な状況では、自由に移動する人口が森林を伐採し、開墾する過程（焼畑段階から恒常的耕地化の過程）のなかで耕地がふえてゆく。つまり、条件が変われば簡単に他所に移動するという意味で人口の移動が激しく、集落の興廃が激しい。そのような条件下では、森林は単なる森林資源の提供場所ではなく、常に潜在的耕地であり、また新集落の形成と消滅の地でもある」。このような認識は、本土各地の村落調査の経験のなかからは、なかなか得難いが、東南アジアの農村研究

に豊かな経験を持つ北原ならではのものといえよう。(2)

†村々模合

「このような村落構造と生態的条件のもとでは、『村々模合《もあい》』の実情は、時代を遡るほどそうだろうが、(本土におけるように) 村切りされた近世村が、地目として画定した森林を管理するような状況とはかなり異なったのではないだろうか」。「住民の移動による森林開墾、森林の耕地化による新集落の形成、そして、しばしば旧集落の消滅、という過程が、王府の統制が弱かった古琉球時代ならば実現していたであろう」。それは、確かに近世江戸時代「本土」の森林管理方式と集落形成のメカニズムとは異なる。むしろ「東南アジアにおける、人口移動→森林開墾→新集落形成→障害発生による再移動、という集落形成の伝統的パターンを彷彿とさせる」のである。

「もし、このような伝統が古琉球にあったとするなら、一七世紀以来本格化したむらの近世村的再編成、沖積平野開発の進展、それに併行したとみられる山林管理の転換は、……(一八世紀における) 模合の村落単位化をすでに準備していたのではないだろうか。『村々模合』とは、原型的な耕地と山林の地目区別のない『諸人模合』から、地目として区分された森林の一村管理での管理 (ただし上級管理権がきわめて強い) までの間に存在する、種々のレベルの共同利用・

管理形態であるといえよう」。「東南アジアの植民地（およびタイのような半植民地）では、八重山に原型をみる村落的管理慣習の弱さ——それは無主地山林の豊富さの証拠でもあるが——を一因として、宗主国は近代的所有権を導入した際、農民の強い抵抗もなしに国有地へ編入することができた」。

ここで「模合」といわれている沖縄の社会慣行について、私はよく分からない。しかし、まことに大まかに農民たちの話し合いの場と理解するなら、右に見たような「自由に移動する人口が森林を伐採し、開墾する過程（焼畑段階から恒常的耕地化の過程）のなかで耕地がふえてゆく」というような生態的条件の中では、関係する「諸人模合」から「村々模合」までの様々な形態の農民の話し合いによる「山林の共同利用・管理形態」が現出したということは理解できる。沖縄の村落がそのようなものであるならば、本土において、近世江戸時代に「村切」によって村の土地が区画され、その土地を耕作する村人が「検地」によって確定され、「村請」として年貢負担を強制されていた「村」の「寄合」とは著しく異なった実態のものだったのであろう。

†視線を北に移して

ここで視線を北に移して、北海道の農村について見ることにしよう。

北海道の地は、「日本の農村」になる前は、アイヌの人々が狩猟や採集をする原野だった。

しかし、明治政府が成立した後、その政策は、「アイヌ民族がイオール（漁猟圏）として利用していた土地をいわば『無主の地』とみなして、官有地化」[3]し、それを、「和人」に「貸し下げ」、「開墾」、その成功を見て「払い下げ」するものであった。こうして北海道特有の「農村」が形成されて行く。沖縄と異なるのは、それ以前にその地自体の農業と、それを基礎とする村落が展開していなかったことである。だから新たに形成された村落に「連続」するような伝統があったわけではない。こうして北海道の「農村」について語ることができるのは「和人」の移住以後のことである。「伝統」があるとすれば、後に述べられるように、「移住民」の出身地との関連である。

本書において北海道の「農村」についての研究として取り上げるのは、田畑保《たばたたもつ》『北海道の農村社会』[4]である。著者は農業経済学者だが、この書名からも分かるように、むしろ社会学的な「農村社会」の理解に主眼を置いている。その意味で「日本の農村」について理解しようとする本書において、その最北の地北海道の農村を知るのに適切な文献として、この田畑の著書を取り上げることにしたい。著者によると、「北海道には府県のようなムラがない、という指摘をわれわれはしばしばうける」。しかし、以下に見るように、「北海道に村落が存在しないのではなく、農村社会、村落のあり方が府県とは異なるということ、農家相互の社会関係・集団性の構造が異なるということを意味しているのではないか」。そして著者が研究の結果たどり着いたのは、「農事組合」型村落という認識であった。

アメリカ式大農場の失敗と小作制農場

著者はまず、「北海道農業展開」の概観として、「明治一〇年代までは、道南地方や沿海部および札幌周辺部にとどまっていた北海道の開拓は、明治二〇年代に入って……内陸部に向かって本格化する。そしてこの二〇年代および三〇年代の開拓の過程を経て北海道農業は小作制大農場を基軸とする地主・小作関係の成立、水稲、馬鈴薯、大・小豆等の主要商品作物を主体とする小商品生産の成立といった形で明治四〇年代に一応の形成を見ることになる」と述べている。

そして、「北海道農業の基本構造の特質として先ず第一に指摘されるのは、小作制大農場を中心とする大土地所有の成立である」。当初、明治一九年の「北海道土地払下規則」によって推進された大土地所有が、「アメリカ的大農技術」の導入によって「大農式の直営農場」を追求したが、「市場の狭隘生、大農的な生産力の未確立」によって失敗した後、「小作農家の大量導入」による小作開墾が進められ、「大団地をなし、小作農家も所有地も一団をなしている」ような「小作制農場」が形成されたのである。

その後、「地力の低下・枯渇に対する対策」が必要になるなかで、第一次大戦後の頃から、

「一方での畑作から水田への転換と、他方での畑作自体での地力維持メカニズムの確立のための集約的な畑作営農組織の確立、という二方向において対策がはかられる」。前者についていえば、「大正末から昭和初期に掛けて水田は急速な勢いで拡大され」、また、後者に関しても、北海道庁の政策的奨励もあって、「酪農・甜菜および輪作方式に基礎をおく集約的な畑作営農組織の確立」という課題が追求された。

戦後になって、「北海道においては不在地主の土地所有比率が高かったこともあり、農地改革による解放の比率が高く、残存した小作地の割合は小さく、……自作中農層が分厚く形成され、それが戦後北海道農業の展開の担い手」となった。そして「戦後の農協の整備再建の過程や農業近代化政策の展開のなかで、『道庁―連合会―単協―農家の単線ライン』が整備されて農民組織は農協に従属する存在となり、農協は、北海道独自の組合員勘定制度の確立等を通じて農家の経済をトータルに把握する体制を整え、『構造政策』の実現機構としての側面を強めていく」。

†自作地主型村落

この後、田畑の著書は、事例紹介に入るが、まず取り上げられているのは、「自作地主型の村落」である。ところは、「南空知の水田地帯の一角に位置する空知郡栗沢《くりさわ》村砺波《となみ》部落（現岩見沢市砺波）」である。この部落の開拓は、明治三〇年代、その名からも知られるように、富山県砺波地方の出身者によって組織された団体が、五四〇町歩（ヘクタール）の団体貸し下げを受けて入植したたに始まる。ただし募集は、「全戸が直接砺波地方の現地でなされたわけではなく、総数一〇八戸のうち八〇％はすでに砺波地方から北海道に移住してきていて、土地貸し下げの機会に恵まれないまま、白石や丘珠《おかだま》等札幌周辺の村に小作や日雇いなどとして滞留していた部分によって組織され、残りの二〇％だけが砺波地方から直接募集された」。「五町歩ごとに区画された貸下地の配分をうけて各戸が入植したのは、貸し下げ許可をうけた明治二六年から二七年にかけてのことである。……以来、それぞれ貸下地の開墾にあたり、艱難辛苦のすえ開墾を完了させ、貸下地の払い下げ付与をうけた」。早いもので明治三〇年、遅いもので明治三三年だった。こうしてそれぞれが「その土地の所有権を取得し、各戸自作農として出発」したのである。

しかし「入植してから自立するまでの生活費をもっているかどうか、どれだけ豊富な労働力を保有しているかどうかの経済的、労働力要因、さらには病気や事故などの個別的偶然的な事情等によって」、払い下げ付与前、あるいは直後にその土地を売却、あるいは貸与するものもあった。さらに、日露戦後の経済不況の中で、「疲弊困憊《ひへいこんぱい》」するものもあらわれ、土地を売却して部落から退出するものもでてくる。そこに、部落に自作だけでなく小作として転入するも

表　所有規模別・耕作規模別農家戸数（昭和9年、北海道砺波集落）単位：戸

所有面積＼耕作面積	2〜3町	3〜4町	4〜5町	5〜6町	6〜7.5町	7.5〜10町	10町〜	計
無所有	4	12	10	8	5	1	2	42
〜1町			1					1
1〜2.5	1	1	1	1				4
2.5〜5	1	2	3	3		2		11
5〜7.5			2	9	2	1		14
7.5〜10		1	4	1	1	3		10
10〜15			1	1	4	2		8
15〜				1	2	4		7
計	6	16	22	24	14	13	2	97

のもでてきて、ここに地主・小作関係が形成されることになった。

その後、「大正期に入って、砺波部落の農業形態は畑作から稲作へと大きく転換する」。反収は、当初は一三斗という低水準だったが、大正末頃になると四俵前後、昭和初期の連続冷害年には一二〜一三斗の水準に落ち込んだが、昭和一〇年代に再び四〜五俵の水準を回復し、戦後には六〜七俵、そして七〜八俵の水準へと上昇している。

北海道の農村の特質として、農家の激しい流動性を挙げなければならないが、砺波部落においても、次第に安定化しつつも、「自作地主・自作層の相対的安定に対する小作層の激しい流動性という対照的関係」が目立っている。ここに昭和九年の所有規模と耕作規模の表を掲げておく（表）。これで見ると、農家総数九七戸のうち無所有が四二戸と、半数近くを占めている。しかし、これらの農家も大小の違いはあれ、すべて耕作しているのであって、つまりそれだけ小作が多いのである。そして、

「五町以上経営の中大規模経営層の比重の増加が見られること、その中で特に五〜七・五町の経営階層における小作層の比重が増大していること」が目立っている。また、所有規模が一〇町以上でありながら耕作規模が一〇町未満である戸数が一五戸に達する。これらの家はその差つまり所有していながら耕作していない土地は他家に貸しているわけで、自作地主である。こうして、昭和期になると、砺波部落は総戸数九七戸のうち、無所有の小作層が四二戸、それらの家に土地を貸し付けている自作地主が一五戸という階層構成になっているのである。

†砺波部落の変遷

以上、著者の記述をかなり簡略化してしまったが、著者の要約によると、砺波部落の歴史過程について「戦前期には大きく二つの画期を指摘することができる。一つは、明治末期から大正初めにかけての時期であり、もう一つは、昭和初期から昭和一〇年代の時期である。前者は、入植者の分解、転出者の続出、新来者の多数転入等通じて、いわば一つの危機に面した移民団体が、部落内地主・小作関係の形成を基礎にし様々な部落内諸組織の編成、生活規範・部落秩序の形成等を通じて、自作地主層を中心とした村落構造を形成していった時期である。そして後者は、そのようにして形成されていった村落構造が、昭和恐慌・連続冷害の過程を経て、階層構成の一定の変化を基礎にしながら再編されていく時期である」という。

そして、その第一期「自作・自作地主層中心の村落構造」として、著者は次のような諸点を指摘している。まず第一は、「生活改善」。すなわち部落の「風紀の悪化」に対しての「報徳思想を範とした生活規範の確立、それによる成員の生活全般にわたる規制である」。第二は、「神社仏閣、部落共同施設、部落有財産の造成である。神社は部落統合のシンボルであり、神社や部落有財産の造成は移住者の定着化志向のバロメーターとして道庁当局も奨励した事項であった」。第三は、「部落の生産・生活基盤、環境づくりのための共同労働への動員である。この部面でも北海道は、府県のような古い過去からの共同労働の営々たる蓄積を欠く。河川の改修、橋梁架設、道路・用水路の開削・維持・補修は、文字通り初発から手がけられなければならなかった」。第四は、「多様な部落内諸組織の編成である」。それは例えば、「消防組合（明治四〇年）、戸主会、婦人会、処女会（同四二年）、衛生組合、納税組合、貯金組合、土功組合（同四三年）、産業組合（大正二年）、桃山御陵参拝団貯金組合（同四年）、地主会（同五年）」である。このように様々な組織が形成されたが、これらの「機能的組合」であっても、「そのほとんどは部落を単位として組織され、部落をぬきにしては機能しえなかった」。

部落運営の担い手としては「部落長（部長）、評議員の役員のほか、消防組合、産業組合、青年会等各種組織の役員がいたが、部落運営の中枢を担っていたのは前者であり、後者もその主要部分は前者の役員によって兼ねられていた」。これらの部落役職名をみると、そのほとんどが、本土の農村において見られる役職であり、「部落と密接なつながり」をもって形成され、活動している点でも同様といえよう。つまり、まさに本土並みに作られたのである。そしてその担い手層は、「開拓の成功者＝定着層を中心とする自作層・自作地主層であり、これらの部分を担い手とする部落運営の体制が築かれていたのである。……そのような構造のもとに砺波部落は昭和初期まで推移していく」。

†農事組合型村落

このように「明治末に基本構造の確立を見たこの部落は、その自作地主・自作層主体の構造の骨格を、敗戦、農地改革まで維持しながらも、昭和恐慌から昭和一〇年代にかけて、小作層の部落運営への組み入れと農事実行組合の強化、という二つの動き軸として一定の変化をとげていく」。つまり「昭和に入ってから部落役員の構成に一定の変化がみられ、小作層もその一部に加えられるようになってくる」のである。

それとともに、もう一点「農事実行組合の強化とその役割の増大をあげなければならない」。つまり、この時期「産業組合の下部組織として経済事業の面に及ぶだけでなく、生活互助の面にまで及んでその役割・位置づけは大幅に拡大し、農事実行組合が部落の基礎集団となるにいたるのである」。

それはまず第一に、農事改良に関わる側面として、「堆厩肥の増産と簿記記帳の運動」に取り組む。そして「農事実行組合のこのような活動を通じて、農事実行組合を単位とする各戸の結集の頻度が高くなって、組としての結合が強化されていくとともに、『組合ニ対スル責任観念ノ喚起』、相互督励という形を通じて部落活動を各戸に徹底・促進せしめる独自の場を形成したのである」。第二に「農事実行組合は……昭和八年に法人登記をし、産業組合に加入」して、「各農事実行組合内に信用・購買・販売・利用の各係が設けられ」、そこに「一種の部落的強制が働く」ことになって、「産業組合の利用率を高める上で大きな役割を果したのである」。第三に、農事実行組合は「農家の生活面、生活互助面」にまで関わりを持っていく。その例として、例えば「葬式組の形成」や「講集団の形成」を行い、こうして「部落活動の基礎集団、部落結合の基礎単位としての性格を次第に強めていった」のである。このように、砺波部落では「昭和恐慌期以後、小作層の流動性のある程度の緩和、小作中層の台頭化傾向を基礎としつつ、小作層の部落運営への組み込み、農事実行組合を核とする村落構造の再編の動きが進行する。……そしてこうした過程の中に、北海道農村にこの頃からほぼ共通にあらわれる『農事組合』型村落の形成・展開、北海道的な村落の形成の動きをみてよいであろう」。

戦後、「この部落においても実施された農地改革は、地主・小作関係を一掃し、自作農、とくに自作中農層を幅広く創出した」。そして、著者によれば、改革後の動向は「昭和恐慌期以後の部落の新たな動き、『農事組合型』村落としての展開の延長上にあって、それが、自作中堅層を担い手とする戦後の新たな条件のもとで、より本格化していく動きとして捉えることができる」のである。

†小作制大農場

北海道農村において、以上見て来た自作地主型とならぶもう一つのタイプは、小作制大農場型の村落である。つまり「小作農家を募り未墾地を開墾して農場を開設して、そこに形成された村落である。このような場合、所有地が……ほとんど一団地にまとまり、小作農家も農場ごとに一集団をなし、こうした面からも農場が村落形成にとっての一つの空間的・社会的な単位をなした。小作制農場は、こうして村落形成の一つの基盤となり、農場経営の基盤・小作管理機構確立のための地主側からの働きかけが、村落形成のあり様を規定する重要な一要因となった」。しかし他方、「小作農家相互の日常的な生活・生産を支えあう自主的な結びつき、社会関係についていえば、それらは、氏神を共通に祭る関係や道路ぞいごとの近隣関係であったり、同郷者同士のつながりや種々の講の結びつきであったり、あるいは親戚関係であったり多様であった」。

その例として田畑が取り上げるのは、「雨竜《うりゅう》村を中心に……旧六カ町村にまたがり、盛時には耕地約四千町歩、小作農家約九六〇戸を擁し」た、旧阿波藩主蜂須《はちす》賀《か》茂韶《もちあき》（侯爵）を初代場主とする蜂須賀農場である。その歴史の概略を紹介すると、「その起源は、雨竜原野五万町歩の貸し下げをうけて米国式直営大農場の経営を試みて失敗した華族組合農場の後をつぎ、明治二六（一八九三）年、約六千町歩の貸し下げをうけたことにはじまる。当初はやはり直営大農場をめざしたがゆきづまり、明治三〇年代には小作制に転換し、明治四〇年前後には小作制大農場としての基礎をほぼ確立する」。なおここで「華族」とは、明治から戦後廃止されるまで存続した日本近代の貴族層である。公侯伯子男と、五段階の爵位があった。蜂須賀家は、このうち上から二段階目の侯爵だったわけである。

さて、「大農場式直営制から小作制に転換した農場にとって、小作農家の確保・維持、そしてその管理統制機構の編成は、小作農場としての小作料収取基盤確立のための一要点となる」。その主眼は「当初は小作農家の確保・維持（退場防止）と開墾促進におかれた。やがて、……小作料収入＝農場収益の増大とそれに向けての小作料収取機構、地主・小作関係の安定化に重点が移ってくる」。「特に蜂須賀農場は広大な面積と多数の小作農家を擁しているだけに、……農場組織・農場管理機構の編成と……小作管理統制機構の編成」が重要になって来る。前者すなわち農場管理機構ついては、「庶務会計、開墾の二係を配した農場事務所が雨竜村内に設けられ」たが、この「農場事務所は雨竜村役場の規模を上回る予算と職員を擁し」ていたという。

「後者すなわち小作管理統制機構」については、独自の「小作規定」が設けられ、とくに「小作人ハ最寄二戸乃至十数戸ヲ以テ組合ヲ為スヘシ」と小作人に組合を作らせ、そこに「組長」を置いて、「小作管理の末端組織」としていた。

†住民組合の実態

また、それに加えて「灌漑工事の竣工（明治三七年）後に予想される造田の本格化に備えて、水田の小作条件小作関係等について別に規定」し、また「小作人組合（用水組合）」についても一章を設けて「小作人組合ハ灌漑区域を共ニシ利害ノ相等シキ者又は之レト相近接スルモノノヨリ成立ス」としている。これらの集落農家の生産・生活上の相互扶助は、「内地」の農村ならば家と村の共同として歴史的に行われてきていることであり、とくに水田の水管理に関する協力は、水田地帯ならばとくに重要な村仕事になっていることは、周知の通りである。が、それを農場の規定としてあらためて設けているところに、いわば人為的に作られた北海道の集落の特質を見るべきであろう。

雨竜村は、蜂須賀農場の創設によって開かれた行政村であるが、その後明治三八年、各行政区ごとに住民組合が組織され、「道路橋梁の維持管理と排水溝の浚渫、貧困救済と労力援助、火災の場合の救助」などの村行政の下請け的な仕事が割り当てられていた。

こうして雨竜村には、「こうした住民組合と、小作人組合、とくに用水組合とがいわば二重に組織される形となっていた」。著者は、その住民組合の実態として、「第五区」を取り上げている。この地区内には、「南北に……四つの道路が走りそれぞれの道路ぞいの農家同志が地縁的結びつきをなす単位となっていて、それが住民組合の班を構成している」。住民の談によると「区長は役場からいろいろ指示されて使われる〝役人〟みたいなもの。……これに対し部落内のことをとりしきるのが住民組合で、自分たちのきめごとをする組織であった」という。

四つの道路ごとの班は、近隣互助的な諸関係、慣行形成の基礎となっていた。これを著者は「仮に道路組」とよんで、そこに次のような注を付けている。北海道の村落を理解するのに適切なので、引用しておこう。「北海道の農村の大部分は、周知のように散居制であるが、碁盤状に区画され、その線、号ごとに設けられている道路にそって農家が散在しているのが一般的な姿で、その場合同じ道路にそった農家同士の結びつきが自然発生的な地縁結合をなすことが多い」と。それは例えば、屋普請の際の労力援助、農作業に人手が足りない時の「デヤク（出役）」などであり、「それをとりしきるのは道路組＝班の評議員（農事実行組合結成後は農事実行区組合長）であった」。

また、道路沿いの農家の結びつきとしては、地神講があり、その寄り合いで「酒を飲みながら話しあうたのしみ会」もおこなわれて、この結びつきが「道路ごとの農家の結びつきを密にし連帯意識を強める上で果した役割は軽視できない」という。この道路組が、後に結成される「農事実行組合の単位」ともなったのである。農事実行組合は、「道路組における比較的緊密な地縁的結びつき、近隣互助の関係を包含」することになり、また「道路組の自然発生的な地縁結合が、農事実行組合といういわば機能的組織の枠組みを得ることによって、それ自体またさらに整備され強化されることが可能となった」。

†同郷者同士の結びつき

しかし、住民組合内の諸関係、諸慣行のほかにも種々の広がりの結びつき、関係が存在した。例えば「同郷者同士の結びつき」などがそれである。蜂須賀農場は、場主蜂須賀の旧領徳島県及び兵庫県淡路島から団体移民をおこなったが、その「国衆《クニシユウ》のつきあいは別。困った時の助け合いは国衆の付き合いの方が頼りになる」というわけで、「国衆のつきあい」が「部落の付き合い」と併存し、……「部落」の枠をこえた同郷者間の相互扶助的な諸慣行、生活上の結びつきが形成され、いわば「部落でのつきあい」を補完する重要な役割をはたしていたようである。これも「内地」の農村とは異なる北海道らしい農村風景といえよう。

また、一部の区では「地神講」が結ばれていたが、これは「四国地方殊に香川県出身の移民によって伝承され」た慣習が基礎にあったようだが、それが他県出身者にも比較的スムーズにうけ入れられ、それが「同郷的結合と地縁的結合を媒介する役割」を果たした。このように、北海道農村においては、「内地」からの移民によって集落が形成されたが、そこに、出身県或は地方という「同郷」関係がさまざまな面で作用していたことは注目に値する。次に田畑は小作制大農場型の村落のもう一つの例として美唄市中村農場を取り上げているが、ここでは省略して先を急ぐことにしよう。

†北海道の農村社会の特質

田畑保『北海道の農村社会』は、各地の調査研究のまとめとして、北海道の農村社会構造の特質について述べている。まず「第一に、……全体的に農家の流動性が極めて激しいこと」の上に、さらに「第二に、その激しい流動性にも階層差があり、「特に自作地主型の村落では……小作層の流動性の激しさに対し自作・自作地主層はかなり安定的である」。第三に、時期的には「明治末から大正中期が最も移動が激しく、昭和期にはそれはかなり減じている。小作層も、その頃からある程度定着化傾向を示し始めるが、なおかなり高い流動性を示している」。「府県農村と対比した北海道農村のもう一つの特質は、農家の土地に対する関係、土地をめぐる関係において顕著にあらわれる。府県の多くの農村では村落の土地の総枠が固定ないしは限定され、そのなかで農家は生産・生活の営みを何代にもわたって継続してきており、……土地は非流動的で非常に稀少化した資源であった。そのような条件の下で土地が巨大な重みをもつ関係・構造が農村において形成されていた。この点と関連して私が想起するのは、かつて日本農村を支配した地主制に関して「半封建制」の如何が論議されていた頃、日本農村における「過剰人口」がもたらす「土地不足」の論理が農民の生産と生活を規制する点に、問題の根柢を求める議論があった。(5) ここでその論議に立ち入ることは避けるが、ただ、そのような論議が行われるほど、内地の農村の「土地不足」は大きな問題だったのであり、それとの対比で、ここでいわれている北海道農村の特質を認識しておきたいのである。

つまり「『辺境』的条件のもとにあった北海道の農村では、そうした土地の巨大な重み、稀少制は緩和され、労働の規定性がより強くなる関係にあった」。それは「開拓期にはもちろんだ」が、「開拓＝外延的拡大が一段落した後にもなお、経営内・地域内未利用地の残存や畑から水田への転換等で個別的な外延的拡大の余地を残し、農家も農地も流動的であり、府県のように土地をめぐる緊張した関係が固定化されるまでにはいたらなかった」。そこから田畑は、北海道農家においては、「府県農家に見られるようなイエなるものは形成され難かったし、少なくとも一般化はしなかった」とみている。ただし、北海道も、明治民法における家制度には規制されたはずで、そこに家長制など家族員相互関係のあり方の問題はあったが、しかしそれらの関係が農業、農民経営の内部から醸成されてくるものではなかったということなのであろう。

田畑によると、農家と村落との関係においても府県との差はめだっている。それは端的にいって、「府県では村落が大なり小なり自治的性格を持ち、独自の意思をもつ存在であるかのようにたちあらわれ、農家に様々の規制を及ぼし、村落が農家を規定していくという関係がより強くあらわれるのに対し、北海道の農村の場合はむしろ逆で、農家のあり様が村落のあり様を規定していくという関係がより強くあらわれる」のである。そのために、「やや極端ないい方をすれば、農家が存在し、農家（および行政）が必要とする限りにおいて村落が存在するという関係であり、村落は、いわば農家（小農）の生産・生活の限界面を相互に補完しあう結びつき、『共同』的関係の枠組みなのである」。

†入会地・共有地の欠如、散居制の村落

この点と関連して、田畑によれば「北海道の大部分の農業村落には、村落共同体の物的基盤とされる入会地・共同地が存在せず、農家の生産・生活のしくみも、それを不可欠とはしない形で形成されていた」。その主な理由は、「北海道の開拓にあたっての植民区画の設定、およびそれに基づく貸し下げ、払い下げにおいて、入会地・共同地がまったく配慮されなかったところに求められる。一戸分（多くは五町歩）ごとに分割された土地に各農家が入植するやり方では、

共同地が形成される余地はそもそもなかったといえる。……それはまた、肥料を購入によって補給し、地力の内部再生産の機構の欠如した農法（「北海道農法」）の成立と相互規定的でもあった」。府県に関しても「村落共同体」という概念については、歴史学や経済史学などにおいて論議の多いところであり、ここでその問題に立ち入ることはできないが、土地の貸し下げ、払い下げにおいて共同林野が全く配慮されず、したがって、初めから共有林野が欠如し、購入肥料による農法がとられたという「北海道農法」に北海道の村落が基礎を置いていたという点は、たしかに府県の農村と大きく異なる点であろう。そのために、地力再生産を個別農家の対応に委ねることになり、村落の共同性よりは個別農家の自律的な行動が強められたということは理解できる。

また、北海道農村の「形態面」での特徴として、「散居制ないしは散在制の村落が大部分を占めていること」があげられる。田畑が掲げる一九七〇年センサスの資料によると、「都府県では約三分の二の集落が集居制ないしは密居制であるのに対し北海道では八五％の集落が散在制ないしは散居制である」。高倉新一郎の「北海道の村落私観」は、この点について「各農家は各割当てられた区画地の中に家を建てた。基線及び号線は道路であるから、農家は大観すると沿道村を形造ったのである。……こうして広い土地に農家の散在するいわゆる疎居制になってしまった」[6]と述べている。その他にも田畑は、「市街地と農業集落との分離……や、村落固有の領域の不分明性、あるいは村落の自治的性格の乏しさや文化的統合の機能の弱さ等」をあげているが、これらは要するに以上見てきた村落形成の歴史的事情によるものということができよう。

†「地主になるのだ」、農家の「投機的性格」

北海道の農村については、以上見てきた田畑の著作の他に、黒崎八洲次良《くろさきやすじろう》の詳細な研究がある。[7] 主題的に取り上げられているのは、香川県三豊《みとよ》郡笠田《かさだ》村出身の大西繁太郎であるが、この人物は、明治三〇年に「地主になるのだ」との目標のもとに知人を頼って北海道に渡ったという。はじめ「室蘭学田の小作となり、冬期間は建設工事に雇われて働いた」。その後「明治三二年に長男が出生した」が、「その年に、虻田《あぶた》郡真狩《まつかり》村に約一〇町歩の貸下げを受け、一戸分（約五町歩）のある程度開墾の進んだ耕地を四五円で購入し翌三三年に、家族三人で現地に移住した。その後、三六年一一月には開墾に成功し畑六町六反余の付与をうけ、農業経営と近隣農家を対象とする小口の金銭貸付を業とし、両者の収益の一部をもって耕地や山林を集積して、大正一三年には畑六〇・三町を所有した。この時点では自作は八町五反余、他を九戸に貸し付けており、貸付地からの収益と貸付金からの収益がほぼ同額になること──『百石百貫』を原則とする経営を行ってきた。大正九年には『家法』を定め、長男が一一年に妻帯すると、繁太郎はこれに農業経営と北四線部落内の貸付地と貸付金の管理をまかせ、昭和四年には一切を委任して、公職に専念した」という。

右の「北四線部落」とは、「留寿都《るすっ》市街から東西に伸びる村道約四・五キロメートルの両側に位置する疎居制の集落である」が、「明治四四年当時に登録されていた三四戸のうち、昭和三五年現在まで存続した家数は七戸しかない」という。先に見た田畑の著書が述べていたように、まことに「流動性が高い」といわなければならない。その点と関連するのかどうか、黒崎は「各家の経営のあり方は投機的性格を濃厚にもっていた」という。「この村の人々が各農家経営を類型化するとき、『澱粉師』と『雑穀師』に大別していた。前者は自家の耕地の大部分に馬鈴薯を作付し、収穫物を原料にして澱粉生産をいとなみ、後者は豆類中心の経営をなすものであった。経営規模は前者が後者よりも一般的に大きかった、という。……農家はその自己像を『○○師』――投機的性格を強くもつ――とし、近隣的互助の社会関係を結ぶ相手を『明日は部落に居住しないかもしれない』家と規定した」。

右の大西繁太郎のように、地主制の発達した府県の小作農民で、「地主になるのだ」と決意して渡航したものにとって、北海道は希望の地だったのであろう。大西はその希望をとげることができて、「家法」を定めるまでに家を発展させた。ということは逆に、下降せざるを得ない家もあって、そのような上向・下降を含めて「流動性」が高かったのである。そのような状況の中で、各家の経営は「投機的性格を濃厚に」もつことになったのであろう。この点は、たしかに府県の農村、農家と性格を異にする。福武のいう「西南型」の「講組結合」の村も、「東北型」の「同族結合」の村も、それぞれタイプは異なるにしても、一定の土地に定着して、生産と生活を送ることを前提に、互いに共同の関係を結んでいるのである。それが自然的・歴史的事情によって、「同族結合」になったり「講組結合」になったりしたのである。

†繰り返された小作争議

先に見た雨竜村蜂須賀農場は、「昭和四〜七年に激発した小作争議」で有名なのだが、この点については、農民運動史研究会が編集した『日本農民運動史』に紹介がある。(8)この「蜂須賀農場争議」は、「昭和四年(一九二九)以降、三度にわたり争議がくり返され、先鋭な闘争形態と集中的な弾圧によって知られ」ている。この『運動史』の記述によると、「同農場小作人の闘争経歴は古い。官庁資料によれば、大正九年(一九二〇)中に小作争議が行われ、農場側の譲歩により解決をみた。さらに大正一五年(一九二六)の凶作の際、小作人は日農北海道連本部(旭川市)の応援を得て小作料減免闘争に立ち上がり、三分作以下は全免、三分作以上は作柄により六割ないし七割の減免をかち取った。この時日農ははじめて雨竜村に組織を作り、組合員は三〇〇名に及んだという」。その後、「昭和四年(一九二九)秋の農業恐慌に直面して」、次の争議が勃発した。

昭和四年の頃の「農場小作人は六一八戸、耕作反別二〇一七町三反八一七（昭和五年現在、雨竜村の分）で、……争議に参加したのは純小作人中の二五戸八八町七反余（うち畑三三町九反余）にすぎなかった」。これに対して「地主側が国家権力と結んで露骨な弾圧にのり出してきた」のは、「争議団が農場内のごく一部で結成されているにすぎず……すでに土地所有者になりえた『分譲契約』農民が同調しないことに確信をもっていたからである」。しかし、「小作人が一人の脱落者も出さず、不屈の戦いを遂行し抜いた意義は高く評価すべきであろう」と、この『農民運動史』の著者は評価している。

つぎに「昭和五年（一九三〇）争議は、同年八月二三日結成された小作人団体『共栄会』を中心にたたかわれた。共栄会は、前年争議に参加しなかった農民が争議の刺激をうけて結成した団体で会員約一九〇名。土地分譲をうけた小作人が『分譲規定』に基づき本来農場側が分担すべきはずの用水路の施設に関する義務を怠り、昭和三年以来実用渇水量が著しく減少し灌漑不能地を生じた結果、自ら道庁に補給水源の設計調査を出願したところ、農場がその費用負担を他へ転嫁して支払おうとしないので結成したものである」。つまり「農場側の『土地分譲』の欺瞞性をついて」起ち上がった争議であったが、それが「一時的ではあれ闘争が近接地帯に伝播したこと、さらに翌年の争議における組織方針に大きな影響を及ぼした点で、無視しえないものである」。しかし、具体的な争議経過についてはこの文献も「明らかでない」としている。

さらに「昭和六年（一九三一）秋、四年の争議でたたかった小作人は再び立ち上がった」。「この争議の参加小作人は三五名。関係土地面積は水田一〇一町二畝一一歩であった。この年は凶作で小作人側は相当の小作料減額があるものと期待していた」が、農場は隣接の農場と減額率の協定を行い、納入通知書を郵送してきた。「小作人側はこれに不満で、……昭和六年度小作料は七分作以下全免とし、特に五分作以下のものに対しては明年度肥料代を貸与せよと要求を行った」。これに対する農場側の回答に不満の小作人側は、「争議団を編成し、争議態勢に入った」。

†全農の支援、しかし敗北

この争議に対して「全農（全国農民組合）北連本部は総力をあげて指導応援に努め……たが、中心分子の大量検挙によって争議団内部にはようやく軟化の傾向があらわれ、この機に乗じて官憲が争議地にのり込み幹部……と会見して説得した結果、四月一八日小作人側は解決方無条件一任の申し出を行うにいたった」。こうして「この争議は、支部の壊滅という惨敗に終わり、以後戦時態勢が強まるとともに全農の指導による闘争はほとんど姿を消さざるをえない状況になった」。

この小作争議の性格と経過が、後に見る山形県庄内地方の争議と著しく異なることに注目してほしい。小作争議といっても、それを引き起こした農民の性格によって、さまざまなのである。庄内では、小作争議はやがて産業組合運動へと転進し、戦後の農業協同組合へと結びついて行く。北海道「蜂須賀農場争議」は、右の『日本農民運動史』によって、少なくとも一時期については「不屈の戦いを遂行し抜いた意義は高く評価すべき」とされているが、庄内地方の争議は、この『日本農民運動史』には全く紹介されていない。著者たちから見ると、「小作争議」として紹介する価値のない運動だったということなのだろうか。

第七章　「大家族」（家）制と末子相続

†農村社会学と家

これまで、農村社会学の研究に頼りながら、東北地方から東海、近畿そして四国、南の沖縄、北の北海道と、日本各地の農村の実態について見てきた。いずれも農村であれば、それを形成しているのは農家、つまり農民の家である。だから農村社会学では、村とともに家が重要な研究対象になる。家とはむろん家族である。しかし家族というだけでは、農民の家つまり農家の一つの側面を言い表しているだけである。農家は家族であると共に、その家族で営んでいる農業経営体である。つまり農家は家族と経営との統一としてとらえなければならない。経営があるから村がある。経営をいとなむための家々の関係が村を形成する。むろん、村祭などもあるから、経営の必要だけではないけれども、先に第三章で見た骨寺村のように、「宇奈根社」とよばれる社は、「畦畔《けいはん》の畝（うね）」から名付けられた「農業神」だった。こうして村も、農業を土台にして形成される。その農業を営んでいるのが、農民の家族であり、家なのである。多くの村々の家については、他の章で、日本各地の村を見る中で併せて紹介されることになるので、ここでは、農村社会学における家の研究書のうち特に特徴的な事例についての研究を取り上げてみることにしよう。

第一章で見た東北地方岩手県の石神では、その集落は同族団が支配していたが、その中心となる大屋では、「昔は長男が相当の年配に達すれば、父親の代わりに召使いを指揮し農耕に当たったが、次三男は他家の婿養子とならないかぎり、長男に従い農事その他の仕事に従事し、年頃になれば嫁を貰って、依然として父母の家に同居した」といわれていた。つまり「大屋」の家族つまり家では、次三男や、しばしば召使も同居して家業に従事していたので、「大家族」になっていたわけである。これに対して福武が紹介している岡山の村は、「四人乃至六人の家族が多く、全家族の半数を超え、その平均員数は、五・二人である。……そして、その親族構成を分析してみれば、直系親のみの家族が一四〇であり、……傍系親のいる家族一三も、その性格は単純であり、既婚傍系親のいる家族は一戸のみ、それもその傍系親は子もなく、結婚後分家直前のものである」。農家といっても、ここは、ほとんど直系親族からなり、「大家族」とはいえない。後に紹介するように、東北地方でも私がモノグラフ調査を行ってきた山形県庄内地方では、直系家族からなる家がむしろ一般的だった。

しかし、「大家族」といわれた事例は、岩手県の石神だけではない。むしろ有名だったのは、岐阜県白川村だった。とくにその荻町《おぎまち》地区は合掌造の集落で、近ごろ（一九九五年）世界遺産に登録され国際的にも著名になったが、国内でもすでに明治から昭和にかけて多くの研究・紹介がなされ、「本邦古代の奇習」とか、「我国往古に広く行はれた大家族制が残って居ることで古来有名である」などといわれて、よく知られていた。この白川村の「大家族」については、すでに家族社会学者の戸田貞三《とだていぞう》の研究などがあり、そこでは、右のような評価は「確実なる根拠なき想像説たるに過ぎない」ことが明らかにされているが(1)、それを、農村社会学的な「家」論の観点から明らかにした研究を柿崎京一《かきざききょういち》が『新編白川村史』（下巻）に掲載しているので、それによって、この「有名」な「大家族」の姿を見ることにしたい。柿崎が、「大家族（家）制」とわざわざ（家）を付け加えているのは、「白川村の『大家族』も日本の『家』の一形態である」、という観点からである(2)。

†白川村大家族制の特徴点

柿崎は、「主として明治九（一八七六）年戸籍を手掛かりとして検討」した結果、以下のような「白川村『大家族』制の特徴点」を取り出している。「第一に、『大家族』構成員は戸主のキョウダイ、オジ、オバ、イトコといった傍系親の多いこと。またこれらの傍系親は、『ツマドイ』婚によって再生産されていることが挙げられる。……つぎに第二点として、従来までの『大家族』研究における白川村『大家族』の定説は『血縁的同居大家族』ということであった。明治以降の戸籍法では、家族を戸主または戸籍筆頭者の親族関係だけに限定している……。したがって戸籍に記載されている人々は、直系・傍系を問わずすべて戸主との親族関係となっている。つまり、通俗的にいえば、『血縁関係』ということになる。しかし、戸籍記載の中に、『養子』関係の人が相当数含まれる。……しかし、『ヤシナイゴ』といわれる『養子』の中には、将来の労働力を期待された事実上の『奉公人・使用人』（非親族）の含まれている可能性も否定できなかった。……そうしてみると、これまで定説となっている『血縁的大家族制』ということには疑問が生じる」。

「さらに第三点として、『同居大家族制』という定説に関する点である。合掌造りの家屋の間取りをみると、家長夫婦の寝室（オクノチョウダ）のある場合でも、跡継ぎ夫婦はもちろん、傍系のツマドイ夫婦のために、特別に設けられた寝室（チョウダ）はみられなかった。傍系の、とくにツマドイ夫婦たちは、定期的なシンガイ日（休み日）を利用して『コヤ』での別鍋の生活を送っている。そして、家の仕事に従事する日は、母屋で共同起居の生活をする」。「つまり、ここでは家生活におけるワタクシ（＝『コヤ住み』分居）とオオヤケ（母屋同居）の生活の織りなしているところに特徴があったように思われる」。

「最後の第四点として、白川村の『大家族』制は、他地方の村にみられるような、村の特定の家だけに限って『大家族』が現れているのではなく、いわゆる集落ぐるみ、それも村内の特定の集落に出現している点が注目された」。こうして柿崎は問題を提起する。「一体、このような『大家族』がいつごろから、またどのような原因によって出現することになったのだろうか」。

まず、「いつごろから」の問題である。この問題について柿崎は、「近世末期から昭和二十年までの、集落別の一戸平均人員数」を追跡すると、「近世末・明治初期よりも其の後に漸次膨張し、明治三十年代にピークに達している」ことを見出している。「この資料に見る限り、構成規模からみた『大家族』の特徴は、古い時代にさかのぼるほど大きいということは決してなかった」。「明治三十年代という時期は、日本資本主義の成立期にあたる」。つまり、「白川村『大家族制』が、通俗的な意味でその典型を示すことになったのは近代に入ってから後のことであった」のである。「もう一点は、そうした極度に膨張した『大家族』制は、大正中期以降に至って急速に縮小していくことになったということである」。

そこで次は「どのような原因によって」である。この問題提起は、先に第一章で有賀の石神調査に関連して述べたモノグラフ調査の課題、つまり「なぜ、いかにして」の追跡そのものといえることができよう。この問題について柿崎は、戸田貞三が挙げる大家族成立の「六つの条件」を検討して、「労働力の問題」と「分家の抑制」という二点が重要であるとして、白川村におけるこれらの問題を以下の様に述べている。

†焔硝生産

まず、「労働力の問題」との関連で「主要な生産と物産」である。明治九年の「白川村物産調」によると、「もっとも高額を占めるのは、米の三五・四パーセントである。これに続いて繭二二・三パーセント、薪一一・三パーセント、豆類六・九パーセント、雑穀六・六パーセント、麻布六・二パーセント等が上位を占めている」。しかし、他に「硝石(別称焔硝《えんしょう》)」がある。「生産量は不明であるが、その生産を行っている集落名を見ると、大郷地区の五ケ村や荻町のほかに、中切地区の各集落に集中している」。これらのうち、米、豆、雑穀などは多くの農村で見られる生産物であるが、「麻」を植えているのはいかにも山村らしいし、また特に「薪」が生産物の「上位」に入っているのは、まさに山村ならではというべきであろう。しかしそれよりも、とくに珍しいのは「硝石(別称焔硝)」である。硝石とは、一般の農村では聞いたことがない生産物だが、要するに硝酸カリウムである。火薬に使う。

柿崎によると、「この焔硝生産は、とくに原料となる野草の採取に大量の労力を必要とすること、しかも、この生産は家屋の床下を利用していたため、この生産には、ある程度以上に規模の大きな家屋を必要としていた。……そうした制約もあって、その生産量は家によってまちまちであるが、……中切地区でも家成員数の多い家に目立つ」。さらに柿崎によると「白川村の焔硝製造の歴史は古い。……この焔硝製造の最盛期は文化・文政期のころ（一八〇〇年代初め）であり、遅くとも明治二十五年ころには消滅している」。その売上代金は、「米穀と交易に被成下候様願出候」とあるように、主に米の購入にあてている。「ちなみに、この米との交易割合をみると、精製硝一六貫で玄米七石（万延二年、加賀前田藩用）であった」という。文書中にでてくる「白焔硝というのは、ツララのような無色の結晶体、村々から集めた灰汁《あく》煮を、中煮《なかに》、さらに上煮《うわに》の過程を経て精製する」という。しかしそれにしても、「原料となる野草」とは何だったのだろうか。いずれにしても、その採取に「大量の労力を必要」とするので、大家族の原因となったというのである。

しかしそのように説明を受けても、この「焔硝」生産という産業については、私はまったく不案内なので、同じ『新編白川村史』（上巻）に掲載されている「焔硝の製造法」を参照することにしよう。[3]「焔硝生産の工程には、大別すると、灰汁焔硝（粗焔硝）と上煮焔硝（精焔硝）作業がある」。……「灰汁焔硝の生産は各農家で行われるが、その手始めは焔硝土作りである。家屋の板敷の下、囲炉裏の辺りに擂鉢《すりばち》のような形の深さ六、七尺（二メートルくらい）の穴を掘る」。……「まず六月ころ、この穴の底に稗柄を切らずに敷く。その上に、水分のないほろほろした上田の土に蚕の糞を混ぜて、厚さ一尺ほど入れる。その上に干した山草（ヨモギ、キツネウドなど）や稗・蕎麦殻や麻の葉などを敷く。……この方法を繰り返し積み重ね、床板の下六、七寸（二〇センチ）まで積み上げる。八月上旬ころ、底土を一尺ばかり残して土をモッコで床板まで掘り上げ、鍬で切り返し、再び土と干草や蒸草を交互に敷き込む」。……「翌年からは、春は稗殻、蕎麦殻など、夏には蚕の糞、秋には山草などを入れ、その後で尿水をかける。こうした作業を年三回繰り返し、その都度切り返しを行う」。……「五年目になって、焔硝土ができる。……以上の工程は初回のみの作業であり、いったん、硝化バクテリアが繁殖し、培養土として完成すれば、あとは年三回の施肥で年一回焔硝が採取できるようになる」。本書では、この後の工程についても詳細に説明しているが、あまりに長文となるので省略しておこう。しかしそれでも、焔硝生産が「原料となる野草の採取に大量の労力を必要とする」こと、また「ある程度以上に規模の大きな家屋を必要」としたこと、などはほぼ理解できたであろう。

†養蚕

柿崎の記述に戻ると、それともう一点、「白川村における生産額上位の産物をみると、米と繭が全体の五八パーセントをしめて抜群である。白川村の養蚕はいつころから始まったのか明らかでない」。が、享保年間（一七一六〜三六年）の文書に養蚕業の盛んな地域として白川郷が挙げられている。「他方、当時の白川村は、物資の流通といった経済面では、早くから越中との関係が強」く、その交易の拠点が富山県の城端《じようはな》（現南砺《なんと》市）であった。「城端は、五箇山をはじめ近郷から繭を買い集め、『城端絹』を生産する絹織業の先進地」であったという。それとともに、五箇山の諸村も養蚕・生糸生産が発達したが、古い記録によると、「中世からすでに始まっていたようである」。「おそらく白川村の養蚕・糸引きの進展は、一つにはこうした五箇山・城端との交流を通して促進されたものと思われる」。

「白川村の養蚕の特徴は、まず採桑にある。もともと平地の土地が少なかったため、桑の専用畑を確保する余地は少なく、大部分は山桑利用であった。この山桑は、苗を畑で育て、沢水等によって適度に湿度のある土地を選んで適宜植え付けたものである。したがって、桑は各所に散在し、かつ自然仕立てであったため、採桑に多くの労力を必要とした。また、山桑であるため晩霜の被害を受けやすく、年

合掌造二階での養蚕、カイコ籠に桑を拡げ蚕を育てる（『新編白川村史』上巻、1998年）

によって繭の生産の変動が激しかった。蚕の飼育は屋内であったため、勢い大きな空間を必要とした。また、高冷地の山間に特有な気温の変化による病気の発生によって、蚕の発育は大きな障害をうけることにもなった」。……「蚕の飼育は春蚕だけであり、何度かに時期をずらして孵化させて飼育していた」。

「さて、自家生産の繭は、大体糸にひいていた。近世期はもっぱら手挽き（座繰り）であったが、のちにタンソーという足踏みの利用（改良座繰りか）もみられた。また、明治に入ると器械製糸が導入されるようになる」。水車利用の製糸場の導入は「明治二十年代から三十年代の初めのころ」のことである。それまでは「手挽きの糸繰りは古くから各家々でおこなっていた」。

このように「養蚕業は、山桑の採桑労働をはじめ、蚕の飼育管理、繭の収穫から糸挽きに至るまで、女性の労力に大きく依存して成り立っていた」のである。

ナギ畑と入会山利用

「つぎに、山利用の農作業としてナギ畑（焼畑）がある。ナギ畑は各集落ごとに入会山《いりあい》を利用していた。中切地区では秋に、来春のナギの場所を選定し、十月末ごろから立木の切り倒しや草刈りをおこなう。雪の降る前に一度アラヤキをする。翌年の四月にもう一度念入りに焼く。最初の年は必ずヒエをまく。二年目以後はカエシバタ（切替畑）といい、地味の加減によって作物の種類も違うが、普通ならヒエかアワをつくる。三年目あたりからアワ・小豆・大豆、それ以後は小豆やアブラエ、ソバをつくる。このナギ畑の耕作は男女の区別なく、五月末ころから始まる。遠い場所だと山小屋をつくり、そこに二〇日間ぐらい泊まり込んで仕事することもあった……」。

「ナギ畑はほとんどが入会山であり、集落の人であれば、だれでも自由に利用できた。しかし、作物の大部分は自給用のものであったから、家々によってナギ畑の広さはおのずから限度があった。集落に近い場所や土地柄の良い所は、掘り起こした石ころなどを寄せて境界の目印にして、継続して利用する家ごとの専用畑になっていた。またシンガイナギといって、主に傍系の人々の小遣い稼ぎのナギ畑も行われていた。……このようにナギ畑は、各家の必要に応じた自由裁量、またシンガイづくりという私的な要素もあって、過去における家ごとのナギ畑面積はもちろんのこと、例えばナギ畑からのヒエの収穫量を確認することは難しい。……」。

　この入会山利用、家々の「ナギ畑」耕作は、山村ならではの生活の営みであって、まことに興味深い。山小屋を作って二〇日間も泊まり込む大仕事もあったようだが、他方、家に近い雑木林や草地を耕して自家用の食物を作る。どうやらこれは各自が家の近くの雑木林や草地をそれぞれに利用したようで、「私的」、というよりも個人的な行いだったようである。私有地ではない。共有地なのだけれども、毎年作る場所には「石ころ」などで目印を置いて、ここは我が家で作っているのだと、自己主張する。共有地の中に個人の自己主張が入りこむところなど、まことに面白い。

しかし実は、幕府直轄領になる前、「飛驒国は、金森領国時代すべて地頭山で村民の持山はなかった」。地元民には伐採の労賃収入が与えられ、これを「御救元伐《おすくいもときり》」と称していた。また、伐木は「商人請負」などによって行われていた。しかし「こうした政策は立木を対象としており、百姓稼山や家作木の採取（許可制）や、薪炭・採草・ナギ畑など生活に必要な山の利用は、指定された立木に支障のないかぎり自由であった。また入会山と称し、村里近くの山林は村協議による『村定《むらさだめ》』によって、薪材、秣刈《まぐさ》などの入会利用が認められていた」。

明治に入って政府は、官民有区分を明確にし、官有林から農民の入会を排除する方針を取ったが、白川村に関しては、これまでの実績に基づき、「民林共有地」として認定された。明治一五年の文書によると、「共有林の権利は『山株』、または単に『株』と呼ばれ、旧戸によって排他的に維持された」。……「集落内に一戸を構えるときは、『山株にはかまわぬ』とか『山株にはさわらん』ことを誓約、親類家の口添えを要するほどに山株に対する規制はきびしかった」という。この点については、部落により時代により相違があるが、「共有山林に対する……規制は、『大家族制』の集中的にみられた集落ではその後もながく持続している。山への依存の度合いが高いほど、山と共生する生活知を創造し、そこに村の規範を形成していったのであろう。そのことが、結果的に分家の抑制を生成させることに作用したものと思われる」。「この共有山林は、大正五（一九一六）年の『部落有林野』の整理統合により、部落有から村有に名義変更される」が、しかしこれは、「名義上の変更であって、実質上は部落有の慣行をそのまま保持していた」。その後、一部の部落では「村有財産特売処分」をおこなったが、中切地区では、共有制を維持している。

†戸数変動の地域的特性

後の白川村に入る地域で、「元禄七年から明治九年までの約二〇〇年間における集落ごとの戸数の推移をみると、およそ三つのグループに分けてみることができる」。「その第一は、この間にほとんど変化のないグループである。……第二は、戸数の増加傾向の見られるグループである。……第三は、戸数の減少傾向をしめすもの」である。このうち、「白川村『大家族』制の特徴を示す家の形態の顕著に表われるのは、第一のグループに入る集落、つまり戸数にほとんど変化のみられなかった集落である……」。

そして、「こうした集落の傾向に差等を表すことになった転期は、宝永から享保に至る時期（一八世紀初期）」であり、……「この時期を境にして、集落の戸数動態の傾向は、かなり固定化されることになった」のであり、「この時期は白川村の歴史、とくに白川村『大家族』制展開

白川村、合掌造の家の前の水田での田植（『新編白川村史』上巻、1998年）

の根拠を解明する上でたいへん重要な時代であった」。その「原因」は何だったか。これらの集落において戸数が増加に転じたのは、「徳川幕府の分地制限令のもとでの家抱・門屋の創出によってもたらされたものであった」。ここで家抱・門屋とは、「一般に寺百姓も含めた特定の百姓（本家・親方）に従属して生活を成り立たせている家を指している、いわば一種の分家である」。この戸数増加の「七集落のうち、土地、石高において白川村の大宗に位置する荻町と飯島についてみると、荻町では畑と焼畑の増加が目立つ。……飯島の場合には、畑・焼畑の倍増に加えて、とくに水田の増反が顕著」である。これに対して戸数のほとんど変化がみられなかった集落は、「焼畑を中心とする山に依存する度合いの高い村々であった」。

このように村によって、動向は様々であるが、「全般的な傾向としては、……元禄期以前に分家創出のピーク、つまり土地開発の進展のピークを迎え、それ以後に土地開発の余地が少なく、山の利用に多く依存して家業の拡大を図らざるを得なかった。これが、中切地区や山家地区の集落に『大家族』制が展開していくことになった一つの要因であったと思われる」。……こうして「山への依存の強化とともに、『大家族』的形態の家が現れて来ることになる」と柿崎は見ている。

†養蚕・糸挽と女性の役割

「明治九年当時の白川村の生業の主力は、米と繭であった。そのうち、米は村内の自給量にならお不足であり、村外、とくに越中方面から移入している状況であった」。米の他、塩等の生活物資や、家屋建材・生産資材についても、村外依存が必要だった。「こうした外部経済を成立させる上で、商品生産と労賃収入は不可欠であった。商品生産の主流をなすものとしては養蚕（生糸と繭生産）をはじめとして焔硝・コウゾが挙げられる。そのほかにも、クズ粉・蠟・漆・山菜・モグサに代表される各種動植物の薬種類等雑多なものまで挙げると品数は多い。これらの商品の大部分は山に依存した生産であること、山桑利用の養蚕も例外ではなかった」。「とりわけ、養蚕は生業の大宗をなしていた。……白川村の養蚕業は、明治の終わりまでの全期を通じて養蚕一期作であり、ことに中切・山家地区では山桑に依存した経営であった。七月からは糸挽き作業が始まる。明治に入ると、足踏みとか水車利用の改良糸繰り機が導入されるが、近世はもっぱら能率の悪い手挽きであった。養蚕経営の規模によっても違うが、中切地区の平均以上の繭を生産している場合には、自家産の繭の糸挽きに、自家の女性たちを動員し、昼夜兼行のような就業のもとで、三ヶ月以上も費やしていた。少し規模の大きな家では、他家の女性の『手伝い』を補充している状況であった。したがって、養蚕業の遂行にとってはとくに女性の労働に期待するところが大きかったし、養蚕業の発展とともに、とりわけ『糸挽き女』の役割の重要さは増していった。その結果、作業訓練が行き届き家業になじんだ子女は、できるだけ生家にとどまり家業に従事してもらうことが期待されるようになる。そうした状況が、『ツマドイ』の婚姻形態を派生させることになったと思われる。……家の跡継ぎの男性も初めは『ツマドイ』婚の形態をとり、数年後に『嫁入り』に転じて妻(子)を家に迎えるという婚姻形態が見られたのである」。

「『ツマドイ婚』の実態を確認できるもっとも古い資料は。文化十三年(一八一六)の……二か寺の宗門人別改に関するものである。ここでは、傍系・譜代夫婦、下男・下女といった使用人とともに、直系・傍系や譜代の『ツマドイ婚』母子を包摂した、複合の家としての『大家族』構成であった」。このほか、近世においては、各村に「ツマドイ」婚の家々が見出される。「こうしてみてくると、もともと村には比較的規模の大きな親方手作経営をもつ特定の家に……

『大家族』形態を現していたと思われる」。ここで「ツマドイ婚」（妻問婚）とは、夫婦が同居せずに、夫が妻のもとに通う婚姻形態である。

それが、生産を発展させるなかで、「土地開発を進め、やがて自家に包摂していた傍系や譜代を、家抱・門屋分家として独立させていくことになる。そうなると、親方経営は労働力の必要に応じて分家から労働力の調達が可能となるのであるから、自家にそれほど多くの労力を常時必ずしも抱えておく必要はなく、家の構成は、単純な型に近づく。……それに対して、早い時期には分家の創出が行われたものの、その後、土地開発の余地が僅少となり、遅くとも元禄期以降に分家の創出の可能性がきわめて制約的となった村においては、入会地の共同利用に基づく経営の拡大、それに伴う労働力の確保が問題になってくる。……中切地区のように小規模集落が遠隔地に点在している場合には、いきおい自家労働力、とくに生業の主力となる養蚕・糸挽きなどの女性の労働力への要求が強まることになる。幕末から急速に伸長した

合掌造の「大家族」、明治末期の白川村（『新編白川村史』上巻、1998年）

生糸に対する需要に引き続き、明治に入って生糸が輸出産業の花形になると、生糸価格は急上昇し、日本経済はまさに『米と繭』の時代を迎える。こうした環境のもとで、女性の労力に対する期待も急速に強まり、明治三十年代の後半には、『ツマドイ婚』の母子をはじめとする傍系成員を大量に抱え込み、準複合の家の膨張がピークに達することになる。その典型が、中切地区の主な家々に現れたのであると解される」。

以上の分析を終えた後、柿崎は、「『大家族』制は決して珍奇な慣習から発生したものではなく、与えられたきびしい環境の中で、より良く生きるために長い時間をかけて創造した生活の仕組みであったことを、村民はもちろん、村外の人びとにも理解してもらうことを期待して」いると結んでいる。これは、われわれが農村社会学を読むことによって、日本農村を理解しようとしているねらいそのものに他ならない。

†末子相続の研究

以上見てきた白川村の「大家族」制の研究では、家の成員構成が問題であったが、次に、「相続」つまり家の継承の問題について見ることにしよう。取り上げるのは、内藤莞爾《かんじ》『末子相続の研究』(4)である。その緒言のなかで内藤は、この著書の主題とした「末子相続」について、「関東に生まれ、跡とりになるのは長男だけと思いこんでいた著者（内藤）にとっては、この慣行が西南九州にわたってひろがり、またかれらの生活に深く根ざしているのに気付いたときは、まさに驚異であった」と書いている。いうまでもなく明治民法では長子相続が規定されており、それからは「大きくはずれる」。にもかかわらず「この旧慣が長く風雪に耐えて、今日まで続いている」については、「それなりの理由や原因が考えられなくてはならない」。それが、内藤がこの著書を書いた問題意識であった。

併せていえば、東北地方の農村を訪ね続けた私にとっても、「末子相続」とは、「驚異」といわなければならない。しかし問題は、相続するのが「長子」か「末子」かという前に、「相続とは何か」ではないか。私が東北農村において認識している「相続」とは、家の経営の継承であり、そのことによる家の生活の存続である。むろん経営の継承というなかには、その基盤である耕地と、その拠点である家屋敷の所有の継承も含まれる。ただし小作農民の場合には、土地は所有しないが、賃借などの方法によって土地を確保することによって、経営を営んでいる場合もある。(5) だから基本的には経営の継承とみることができよう。「末子相続」ではこの点はどうか。

この問題については、社会学者だけでなく、「法学・民族学・民俗学・経済学など」多くの学問分野の研究者が取り組んでいる。それらの研究報告を検討した上で内藤は、「基本型としては長(男)子相続・姉家督・末子相続・選定相続の四種が残される。……長(男)子相続と末子相続とは、いずれも男性に限られるとともに、これらには長男と末子とか、年序による規制が働いている。ところが姉家督では、これを文字通りにとれば、性の規制が働かない。しかし、年序はあきらかな事実である。これとは反対に選定相続にあっては、選定の対象が男子に限られるので、性の規制は働いて来る。しかし、年序にはかかわらない。と共に、性と年序、この二つの規制要因とまったく無関係な基本形は、ついに現れないわけである」と述べている。

†姉家督と末子相続、「末子相続」とは不定相続

ここで「末子相続と対蹠的な形態」と見られる「姉家督」について、明治初年の『全国民事慣例類集』をみると、この形態は、「七地点でその存在が報告されている」が、その内訳は、「大きく東日本ないし東北日本への偏在を示している」。そしてこの形態についてのある報告は、「しかし実際には姉自身が家督相続人にならず、この姉の夫たる婿養子が次代の相続人となるのであるが、その相続開始まではむしろ姉が『家督』たる実質を有し、また『家督』と呼ばれている」のだという。そこで「問題は……こうした姉家督がどうして発生したかの事情であろう」。この問題について、先の『全国民事慣例類集』は、「力役ノ便利ニ従フナリ」などと、「家族労働力の増強」の意味を述べている。「家族構成の面からすれば、長子相続の線に沿っての直系家族の形成では、労働力の世代的連続を維持することができない。そのための措置とい

うことになるであろう」。東北地方に多く見られるのは、とくに規模の大きい東北の水田地帯で労働力を必要としたからであろう。

次に内藤は、若干の現地報告を検討して、「日本的末子相続へのあしがかり」をえようとしている。ここで取り上げられているのは、長野の諏訪、和歌山県雑賀崎、広島県岩子島などのいわゆる「末子相続」の事例であるが、これの詳細については省略して、そこから導き出された「末子相続の概念」について見ることにしよう。

まずこれらの事例において「相続人となるいわゆる『末子』は、その続柄からしていちばん末の子とはかぎらない。……少なくとも我々の調査では、相続人にはほんものの末子以外の男子も登場していた」。こうして「われわれはこの慣行を規範的には跡とりの続柄にこだわらない相続として理解したい」。もちろん、「江戸末期の上層農家では、長子相続というものが規範的に定着していた。……長子相続では、長男という続柄に拘泥するのと比べて、いわゆる末子相続では、そう言われながらも、実は末子という続柄にはこだわらない。末子でもよければ、長男でもよい。あるいは、長男でも末子でもない、仲兄であってもかまわない」。というわけで内藤は「不定相続」ということばを提案している。

†門割制

次に、そのような意味での「末子相続の基盤」である。その点に関連して、内藤が注目するのは、「薩藩独自の門割制《かどわりせい》」である。内藤によると、門割制については、「なお不明の点を残すが、要するにたてまえとしては耕地は、一六歳から六〇歳までの丁男（要夫《いぶ》）に割当てられる。そして公租徴収のため、その集合としての門《かど》が設定される。門は、統率者＝代表者としての名《みょう》頭《ず》と一般の名子とから成り、門相互のあいだには、耕地の割替えと人送りや門移しがおこなわれる。耕地と労働力のアンバランスを是正するためである。門の規模や構成には、かなりの地域差があったようであるが」、……とにかくこの体制では、「農民は単位労働力として掌握される。そして一片の土地の私有も農民には許されない。……割当てが単位労働力である以上、ここでは『家』はおろか世帯さえ分割の可能性をはらんでいる。なるほど名頭世帯・名子世帯は、いずれも家部として示されている。しかし掌握の仕方からすれば、家族の集団性をそう高く評価することはできない。だいたい土地私有が認められない以上、ここから家産の観念など、生まれる道理がない。むろん地券交付後、この体制は改められた。にもかかわらず、その余映をとどめていることは推察される。それで相続・分家にさいしても、均等に家産分与がおこなわれる。また、『家』観念が形成されないので、たとえ跡とりといっても、それは家督相続人といった性格のものではない。親の家屋敷を受継ぎ、その老後を看る、つまりかかり子的なものとなってくる。となるとこれは別に長男でなくともよい。そういうことになりそうである」。

内藤はこのように述べた後、しかしこれは「論理整合的ではあっても、……これを裏づける資料の検出が困難である」として、「門割制や人送りを可能とした西南九州の土地そのものに注目」している。そして、「鹿児島にかぎらず、畑作経営と九州における末子相続のベルト地帯とは、かなり多く重複してくる。とともに、東北地方との対照は、まことにあざやかである」と述べて内藤は、昭和四一年の各地の水田化率の差を紹介している。東北の六四パーセントに対して、鹿児島は三四パーセントである。「では、この水田化率の低さ、裏からすれば畑作率の高さと特殊相続慣行との重複を説明するものは、なんであろうか。……一九六〇年の世界農業センサスの数字にもとづいて、東北と九州との対比から、この問題に接近してみたい」とのべて、まず「一戸当たりの平均員数では、東北の五・九一人に対して、九州は五・〇七人ということになる」。この差の「根拠は、農業経営に要する労働力の差異としなくてはならない。これは端的に、経営規模として示される」。

「ただ、田畑構成を含む経営規模と家族構成との相関は、これを一方的な因果関係として割切ることはできない。というのは、経営規模が増せば家族労働力もより多く要るので、それだけ直系家族ないし傍系家族の形成率も高められる。これは経済の論理である。けれども反対に、均分相続という相続慣行のために、家族労働力の増大が期せられない。したがって増反も不可能だとする、逆の因果関係も考えられる。とすれば、これは社会の論理である。当面、相関関係の指摘にとどめるわけであるが、ただそれにしても、全体的に見て、畑作、とくに普通作地帯の一戸当たりの労働投下量は、相対的に低いとしなくてはならない。……なお、以上のような絶対的な差とは別に、稲作と畑作とでは、農作業における季節的なリズムがちがってくる。とりわけ田植期の労働集約性が問題であろう」。

†西南九州の村落

ここで、内藤は、さまざまな論者の村落社会類型論を取り上げて検討した上で、「われわれの対象地域」つまり「西南九州」の村落について、「村の規模が比較的大きい。つまり大村だということである」。そして、「われわれの対象村は、多く畑作村に属している」。「したがって、『水』の一円化に対する要請を欠いてくる。水田村のように、集落を形成する必然的な理由を持たない」と指摘する。

つまり、先に第三章において、余田博通の「溝掛り田」の「論理構造」として紹介したような理由はないということである。そのこともあってか、内藤は「畑作村は、ムラの形成において、相対的に脆弱である」ともいう。そして、「鹿児島県は、一般にシラス地帯、ボラ地帯なので耐水性が低い。だから降雨量の多いにもかかわらず水田経営には向かない。反面、急峻な耕地は少なく、台地が展がっている。……こうした地理的条件のために、経営の主軸は、畑作とならざるをえない。イモを表作として、裏作にムギとナタネとを配する。……しかしさらに注目されるのは、五万七千町歩に達する切替畑の存在である。熟畑が一五万町なので、これと比べると、三分の一以上に相当する。……特徴的なのは、やはり粗放農業、不熟畑としてのそれであろう」。

そしてここで内藤は「薩摩の土地制度について、ほとんど知るところがない」としながらも、「ただあえて推測すれば、農民の収益できる土地は、門地《かどち》以外にもあったのではないか。具体的には、……畑とも林野ともつかない土地の存在である」。それは例えば、「大山野」といわれ、「それ自体は林野であるけれども、これは郡奉行の許可をえて、仕《し》明地《あけち》（開墾地）にすることができた」。そしてこの「仕明と植林とを交互に行ふ旧慣があり、仕明後四、五年作職《さくしき》し、地味衰微すれば、之を放棄して植林し、十七、八年後に伐採し、再び仕明するを有利とした」と述べている。

「ところでこれらに対して、農民経済の基礎と目される門《かど》である。……薩摩のこの門は、普通、一戸ないし数戸から成る。最大にしても、八戸程度の小団体であった。門高は、二〇石ないし四〇石を普通とする。なお要夫《いぶ》の数と門高とのあいだには、相関関係はないという。むろん地域差はあったと思われるが、もし平均して以上のようだとすれば、これはさして貧農とも思えない。高一〇石という本百姓の最低規準に合うとも考えられるからである。けれども米は……すべてが藩庫に収納された。四公六民の比率も、たちまち空文化して、実際には、七公三民が強行された。畑の輪作は、イモ―大豆（租税の対象）で、ソバは切替畑（三～四年）が普通につくられた。門高だけで生きていけるはずがない。以上のような生産上のクッションを考えざるをえないゆえんである」。

†「すっきりしない」鹿児島農民の生活基盤と村

内藤によれば、このように「鹿児島農民の生活基盤はまことにすっきりしない。ところで、すっきりしないのは、土地関係ばかりではない。在郷の武士、すなわち郷士を抱えているので、ここでは農民支配も貫徹しなかった。あるいは、二重支配の様相を呈していた」。また、先に紹介した「門」であるが、これについても、「かなりあいまいさをとどめている。……門割制のもとでは、一人の名頭《みょうず》と数人の名子とがいて、それぞれ家部（世帯）を率いている。そしてこれらの人びとによって門が構成されるとともに、土地はこの門に割当られる。……一般的な理解は、このようなものである。けれども、家部は、かならずしも世帯であるとはかぎらない……しょせん門は、徴税のための税制上の単位であって、これを戸や世帯に比定することはできそうもない」。

「要するにこれまで述べてきたところからしても、鹿児島の場合、村の性格・輪郭とも、あまりすっきりしたものとはならない。とくに地域共同体としてのムラは、ここでは確かに影が薄い。そしてそのために、かえって、門が前面に押し出された。……たとえ村が存在していたとしても、その実質的な構成ユニットは、おそらく門ではない。個々の世帯ということになろう。……零細経営であり、しかも畑作中心という点も、十分考慮すべきであるが、農家の相対的な独立性の高さがうかがわれる。とともに村はこうした農家の集合である反面、共同体としての性格は希薄だといわざるをえない」。

†鹿児島農家の相続慣行

内藤の記述は、「末子相続」といわれた慣行の調査報告と、内藤自身の調査結果の報告とをこまごまと記述しながら、その都度、まとめ的な説明を附記しているので、それらの全体を総括する結論を取り出すことが容易ではない。したがって、私の紹介も「まことにすっきりしない」が、そのなかに、「鹿児島農家の相続慣行」という一節があるので、その記述によって、内藤の『末子相続の研究』のまとめとしたい。

それによると、「これまでの調査経験からして、末子相続といわれながらも、跡とりは末子にかぎらないことを、ほぼ確信した」。先に紹介したように、内藤はこれを、「不定相続」と名付けたのであった。「つまり跡とりの続柄にはこだわらない」という態度である。「あえて推測すれば、特別の事情がないかぎり跡とり問題は、ともすればこれが放置される。こうして上の子どもからの処置が進められる。すなわちかれらの分家・他出である。というわけで末子にしても、これはかならずしも予定された相続人ではない。だから長男でとどまることもあれば、仲兄まで引き下ろされることもある。しかし周期が順調なコースと経過をたどれば、末子が跡とりとなる公算が高い。したがって末子相続が実現しても、これは蓋然率の問題であって、末子の跡とりを理想としているのではない。……規範としての末子相続は存在しない」のである。「長男の跡とりが実現しても、遺産は諸子の間で分割される。……われわれの事例では、長男跡とりで財産一括相続というのは、ついに一例もあらわれなかった。……遺産は、均分またはそれに近い線で分割される。隠居分のプラス・アルファはあっても、これはもともと少額にすぎない。しかも老親の扶養が加わるし、それに曲がりなりにも本家としての村づきあいもある。兄弟たちも寄って来る。相続は権利というより義務という面が強くなってくる。というわけで、もともと跡とりが不定であるため、相続人となることは、これを回避しようとする。こうしたのは、……むろん零細経営であれば、そう早々と直系家族をつくる必要はない。また家父長制の姿勢に乏しいので、親が相続人を選定する権威も弱くなってくる。それで長男の跡とりが崩れると、あとはナダレのように家族の分封が続いておこなわれる。結局は末子相続に到達する」。そしてつけ加えていう。「逆説的ではあるが、これは古典的な近代家族としなくてはならないであろう」。

そういわれてみると、とくに遺産とてない給与所得者の子どもたちが、職が見つかった順に次々に独立して行き、だれが親を引き取って老後の世話をするか、で譲り合う姿のように見えてくる。つまり、本州各地の農村におけるように、経営体としての、したがって生活の拠点としての家は確立していない、だからそれを子孫に残すことの緊要性はない。その背景にあるのは、「シラス地帯」という生産力の低い自然条件、そのことを背景とする「門割制」という「薩藩独自」の支配体制、だったのではないか。そして、それにもかかわらず、なんとか生きて行くための方途は見出しうる。内藤の説明を読むかぎりでは、そのように理解されるのである。

†鹿児島、沖縄と東南アジア

鹿児島の末子相続と関連して、そこで特徴的な分割相続については坂根《さかね》嘉弘《よしひろ》の論文がある。(6)ここでは、内藤の著書との重複をさけて、結論的な文章のみを紹介することにすると、坂根は「鹿児島地方の家族・親族組織の特徴は、日本の他地域のそれとの対比で言えば『家』の不成立という点である」として、『家』未成立の内容は、①土地財産を均分的に分割すること、そのため②世帯分離した各世帯間で系譜的な優劣・上下関係や社会的・経済的な従属関係が存在せず並列的であること、また③土地などの財産にしても先祖伝来のものといった社会的規制が弱いこと、④母屋の継承線と位牌の継承線が必ずしも一致しないこと、⑤本家という言葉はあまり使われないこと（分家という言葉はあるが、それは単に『分家する』『分家した世帯』という意味にすぎず、『家』を前提にした本家―分家の意味ではないこと）、⑥家系の世代的継承が重視されず、先祖観にも乏しいこと、⑦屋号が存在しないこと、⑧同族組織の発達が弱いこと、⑨祖先崇拝と関係した屋敷地への特別の執着に欠けること、などである。鹿児島地方では、分割相続のため兄弟の出生順のステイタスに優劣が存在せず（その意味で嫡系・傍系の差別がない）、むしろ分離した世帯同士が並列的・同格的である。『家』を前提とした本家―分家の系譜関係も弱く、同族組織の発達もあまりみられない。……したがって、親族組織としては自己中心的な親類（ケネムラなど）が前面に出ることになる。深度は浅いが、双方向的に広がる方的関係である」と述べている。

そして、「『家』が未成立で同族組織の発達が弱い鹿児島地方は、系譜関係の発達が弱い双方的なキンドレッドの展開する社会ということになる。とすれば、鹿児島地方の家族・親族構造は、……日本よりも、むしろ明確な出自集団を欠くタイの家族・親族集団に近いことは明らかであろう。……日本とタイの家族と親族組織を両極に置いたとき、鹿児島地方のそれは少なくともタイよりに位置づくのではなかろうかということである」。こうして坂根は、「鹿児島の家族・親族構造は、……むしろ系譜的関係の弱い東南アジア社会との共通性で位置づけたほうがその性格をより的確に把握できるのではなかろうか」と、この論文を結んでいる。

以上内藤と坂根の研究によって、鹿児島の相続制度についてみてきたが、そこで語られている慣習ないし習俗と、先に第六章で見た北原等の沖縄の報告とには、とても似ている点があるのではないだろうか。むろん沖縄が「薩摩入」つまり薩摩藩の支配に入った歴史的事情が両者に共通の社会ないし生活様式を残したということはありえよう。しかし、私が、初めに注目したのは、「門中」および「門割制」として語られている「門」という言葉の類似性であった。が、内藤の説明では鹿児島の「門割制」は藩の支配制度のようであり、これは沖縄の「門中」とは異なる。しかしそれでも、かつての沖縄の「人口が稀少で森林が豊富な状況では、自由に移動する人口が森林を伐採し、開墾する……なかで耕地がふえてゆく」という状況と、鹿児島における「広大な開発フロンティアを擁し、農民層は開発集団としての性格を持ち続けた」という状況とは、きわめて類似していたのではなかろうか。そしてまた、沖縄における「地割制度という土地の私有が許されない小農制」、「実質的な家産の欠如」と、鹿児島における「耕地は藩による公有であり」、それが「家産の形成を阻害」していたという鹿児島とは、まことに類似した農村の状況を示していた面があるように思う。

さらに、北原が指摘する「東南アジア」との類似性、また坂根が指摘するタイとの類似性、である。このあたりに、農村社会学が実は日本社会論を意味していたというその根柢的な問題意識をさらに発展させる契機、すなわち、これまで日本社会について多く語られてきた中国大陸の国々、あるいは朝鮮半島の国々との比較研究から、(7) さらに視野を拡大して、東南アジアの国々との近親性、類似性を視野に入れた日本社会論へと発展させる契機、が潜んでいるのではなかろうか。

Ⅲ 「家」と「村」の歴史——再び東北へ

「苗籠(なえかご)」を腰につけて「作場道(さくばみち)」を行く「早乙女(さおとめ)」たち。田植えは女性たちが主役だった。男性たちは苗運び。(山形県庄内地方。酒井忠明『写真集　出羽国庄内　農の風景』東北出版企画、1997年)

第八章 「家」と「村」の成立――近代以前

†山形県庄内地方と稲作

ここで日本列島を東に戻って、東北地方山形県庄内地方を訪ねてみよう。ところは、東北地方の西側、日本海沿岸の水田地帯である。著者が、農村の調査研究を始めてから、ずっとお訪ねして、多くの方々にお話を伺い、資料を提供していただいて、農村についての認識を得ることができた地方である。友人と呼ぶべき人も少なくない。東北地方でも、太平洋側の仙台で育ち暮らして来た私には、いろいろと新鮮な驚きもあった。例えば、太陽は海に沈むのである。太平洋側では、太陽は海から出るものである。が、海に沈む夕日は美しかった。庄内の印象の一つであった。

庄内地方は、今述べたように、日本海沿岸に広がる平野であるが、そこには、真ん中やや北よりを東西に横断する最上川、その南部に赤川、北部に日向川、荒瀬川と、いくつかの大河川が流れ、その沖積《ちゅうせき》平野を開拓した水田が見渡す限り広がっている。最上川を挟んで平野の南を「川南」、北を「川北」と現地ではいうが、川南の中心は鶴岡、川北の中心は酒田である。鶴岡は近世江戸時代にこの地を支配してきた酒井藩の城下町、酒田は西国との行き来で栄えた日本海航路の港町である。巨大地主本間家の所在地でもあった。ここ庄内は、むろんさまざまな歴史的経過を経てであるが、よく知られているように日本有数の稲作地帯になっている。以下、庄内地方の稲作とそれを担った農民たちの動向について、私自身の著作『「家」と「村」の社会学』および『庄内稲作の歴史社会学』(1)によって見てゆくことにしよう。

「庄内」といえば稲作である。それは、いつ始まったのであろうか。「手許にある庄内地方の地域史、市町村史を繙いてみると、例えば、一九八七年刊行の『酒田市史　改訂版』上は、一九八五(昭和六〇)年に山形県教育委員会が実施した東平田地区の『生石《おいし》2号遺跡』発掘調査では『籾圧痕土器《もみあっこん》のほか、十数粒の稲籾も検出された』と記している。弥生時代の遺跡である。また、古代の事例としては、『発掘調査の結果、……酒田市新田目《あらため》b遺跡』から『水田遺構が検出された』が、その『水田の規模は……幅十二間×長さ二十七・五間前後と推定された』という。つまり、沖積地に水路を掘り、畦畔を立てて湛水した一反一畝、つまり一一アール程度の水田だったのである」(2)。

この発掘結果について私の追記。「これは、……近世江戸時代初期の一竿(筆)当りの平均的な水田面積と較べるとむしろ大きい方である。しかも江戸時代には、その田地を中畔《なかぐろ》で区切って集約的な管理を行う、旧農業総合研究所の研究者たちのいう『畝歩《せぶ》農法』が行われていたのであり、(3)これがそのまま実際の田地として使われていたとすれば、まことに大きいというべきである。沖積地の平坦なところに造成された水田だったということはあろうが、しかし当時の土木技術では水張りが均平でなく、ある部分は幼い稲が水面から露出したり、ある部分は水を被るなどのこともあったであろう。そのような粗放な稲作だったと思われる」。

†一条八幡神社文書

考古学の時代はこのくらいにして、文書を見ることのできる歴史時代に入ると、川北の旧飽海郡一條村大字市條（のち八幡町《やわたまち》、現酒田市）に鎮座する一条八幡《いちじょうはちまん》神社の「末代之日記」と「荒瀬郷《あらせごう》一条八幡宮祭礼日記」に、中世室町時代の庄内農村の様子を見ることができる。歴史家の井川一良《いがわかずよし》の解説によって、『八幡町史』に収載されているので参照することにしよう。(4)

これらの史料は、この一条八幡という神社の祭礼の慣行や寄附をした負担者についての記録であるが、井川によると「これで見ると、役負担者は名前の不明なものを含めて二四名おり、その内一六名には……安田殿、小泉殿、砂越殿……など『殿』がついているが、他に丸藤四郎、ショウジ藤五郎……など『殿』のついていないものもいることがわかる」。井川は「殿」のついている人物を「小領主」と呼び、ついていないものを「在家《ざいけ》農民」と見ている。それともう一点、井川は、「小泉殿（上小泉村）、砂越《さごし》殿（砂越村）、……安田殿（上安田村）……など後の村名と照合できるものと、照合できないものがある」と指摘して、「これらの地名を地図の上に落してみると、砂越殿を例外として『旧荒瀬川の自然堤防上に広く分布』しており、『現市条八幡神社を扇の要として、末広がりになって』いる」という。それは「山地から一条八幡がある辺りに流れ下ってくる水が、かれらが耕作する田地の水源になっていたからであり、そのために一条八幡が水の神様として信仰を集めていたと見ることができるであろう」。なお、ここで在家農民とは、別の中世史家の説明によると、「中世前期百姓の家」で、「形成されつつあった封建社会の生産力発展を担う農民的な小経営の単位」だという。[5]

ここで私なりに一つ付け加えると、一条八幡が「水の神様」という点である。先に第三章において、歴史家の入間田が「宇奈根社」が「弥生時代に作られた畦畔の畝（うね）」から「うなで」と呼ばれるようになったのではないかと推定して、それが後に仏教の入来によって「上書き」されて「駒形根六所大明神」となったのではないか、と書いていることを紹介したが、ここでも水の神様という「日本人の祈りの対象としての自然」が顔を出していることに注意したいのである。「一条八幡宮祭礼日記」には、「当社の創立は元慶元（八七七）年京都石清水八幡宮より『荒瀬郷一条大泉郷』に勧請したと記されている」。『八幡町史』（上巻）によると、この頃「蝦夷の反乱」が相次いだようなので、その「鎮圧」に軍団を派遣したのと相前後して勧請されたのかもしれない。いずれにせよ、こうして在地の農民たちの「水の神様」が上部権力によって「八幡神社」として「上書き」されたのである。

†小領主による開発

さて、この「祭礼日記」の内容に立ち入ってみると、「二月の御祭之事」と書き起された項を、面白いので少しだけだが掲げてみよう。

「二月ノ御祭《マツリ》之事
〽田千《セン》カリ居屋《イヤ》シキ共ニ御祭分《マツリフン》也　ヨイニハヒメノ飯《イイ》　カキホカイ　ヨイツトメ朝《アシタ》モ飯《イイ》
也　大瓶《タイヘ》三ツ　ウトメヒラキマメカン一ツ　已上戸内《イシヤウトノウチ》ノ役《ヤク》也
又簾《スタレ》二枚筵《ムシロ》二枚ツヽ　戸内宮大夫美濃殿三人シテ以上十二枚出《イタシ》候　正月ノコトク也
一中比　安田殿ト云シ奉公者《フキヤウシヤ》ノ時《トキ》　大クノ荒付《アレフ》ヲ田畠《タハタケ》ニヲコシ　社《シヤ》ノ後《ウシロ》ヲセキニホリ末代
ノ寄進《キシン》ニ付《ツケ》申候
此ノセキノタツ事ハ至徳元年《シトククワン子ン》四月八日ニホリ候　田畠《タハタケ》已下郡中《コオリチウ》ノ人夫《ニンフ》ヲモツテ掘《ホ》ラレ候
也」（ふりがな原文）

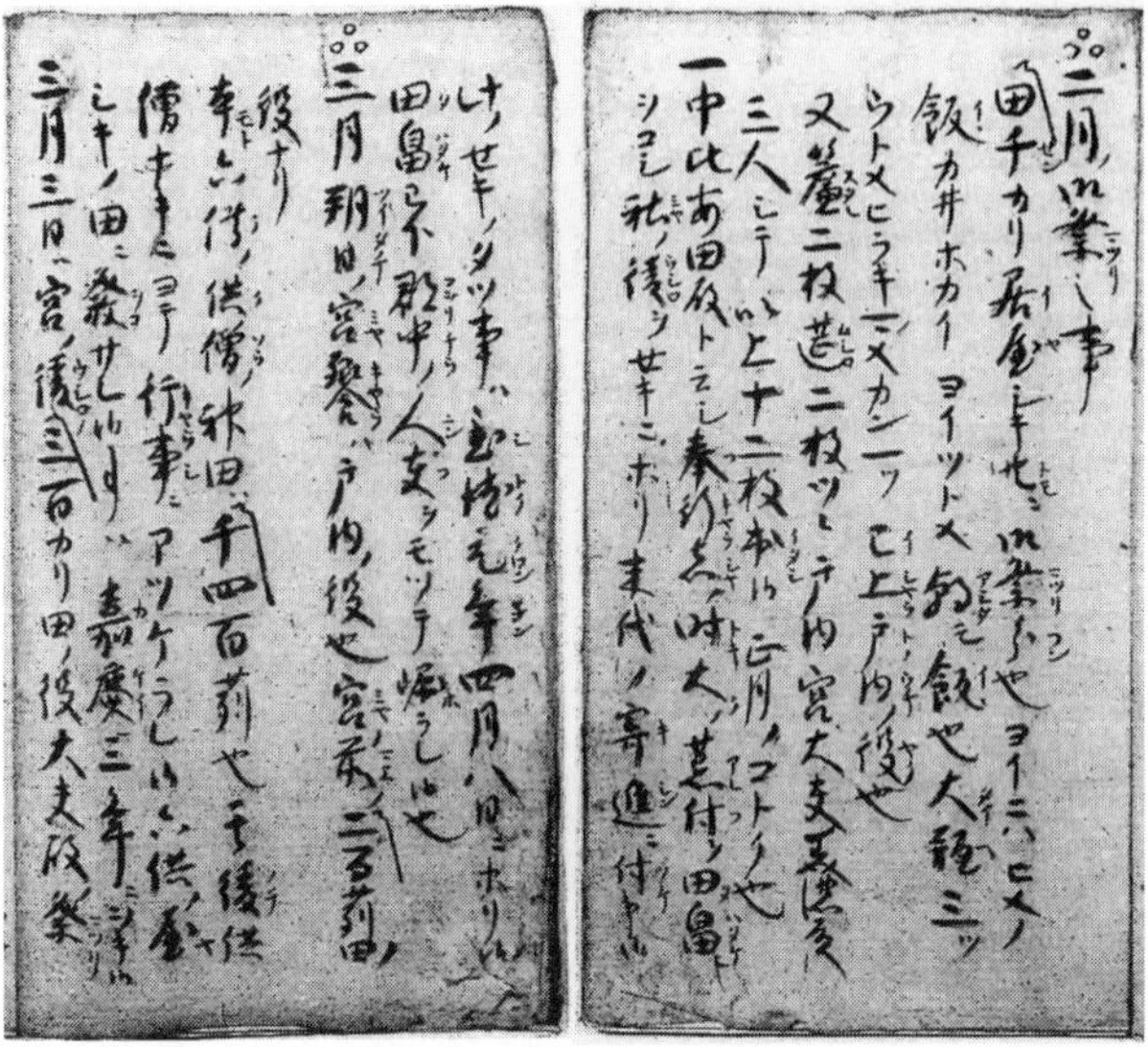

『一条八幡宮祭礼日記』（八幡町史編纂委員会『八幡町史』資料編八、1994 年）

つまり「安田殿と呼ばれた小領主が多くの荒れ地を田畑に起し、神社の後に堰を掘って、末代の寄進にした。その堰を掘ったのは、至徳元（一三八四）年であり、郡《こおり》中の農民を動員して掘ったというのである」。

他方、「末代之日記」のこれに対応する箇所には――

「奉行そへおもち候時の身うちニ、けとうたろうのさはくりニよて、こふりちゅうのにふをたのミ、はたけおおこし、あれふ計あるへく所を、けんとうたろう、この所をきしん申候も、けんとうたあとかはからいニよて、この所をきしん申ニ、せきをおこし、くろもこのけんとふたろうかはからりにて、しんてんニつき候、このせきハまひをほるへかく候へ共、うしろをうまふせきにほり申て候、至徳元年四月八日みつのゑ猿年、しりて《このせきは》ほり申候」

†稲作集団の三重構造

かなり分かりにくいが、ここで注目したいのは、安田殿と呼ばれた小領主には「けんとうたろう」という「みうちのもの」があって、その「さはくり（差配か）」によって、郡中の「にふ（人夫か）」を動員して、堰を起し、田畑を開発し寄進したという点である。この点について井川は、「安田殿という小領主には、その身辺に『身内のもの』つまり近親者がいて、おそらくは非血縁の農民を人夫として駆使して、水路の開発や田畑の開墾に当たらせた」と解説している。私はここから、「この頃の庄内の稲作集団は、中心になる小領主、その近親者、おそらくは従属的性格の非血縁の農民という、三重構造をなしていたのである。祭礼の役負担をするほどに上昇した在家農民も同様であったろう」と見た。また、井川によると、「戸ノ内殿は八か所の七九〇〇苅と畠四〇〇地を祭礼のために寄附している」。このうち散在する五か所は面積が大きいので、「戸ノ内殿の屋敷内にある名子、下人が耕作する形ではなく、散在した田地に居屋敷をもって住む譜代下人か、在家農民が耕作したと考えられる」という。なお、ここでいわれている「苅」とは、稲の刈束数で耕地の大きさを表した表現であり、後の庄内藩の田法では、田一反から「稲百束刈也」とされていたが、実際は一反歩（約一〇アール）を超える場合も少なくなかったようである。ましてここは室町時代の話なので、一反歩を超えていたと見た方が妥当かもしれない。

著者井川が使っている史料を十分に紹介しないまま、まとめ的な結論のみを記しているのでお分かりいただきにくいかもしれないが、ここでさらに注目しておきたいのは、「これら小領主の所在地が後の村の場所にあったにもかかわらず、かれらの土地がその周囲にまとまってあるのではなく、あちこちに散在していたという点である。後に村になるのと同じ場所に居住していたのは、庄内地方の中心部が大河川の沖積平野からなっており、地下水位の高い湿地が多いので、どこにでも住めるというわけではなく、河川の自然堤防など微高地に居所を定める必要があったからだと思われる。しかし後の村のように、その周囲にその地に住む人々の耕作地がまとまって存在していたわけではないのである。それは、右に見たように、あちこちに水の便を見て従属民を人夫として駆使して水路を掘り、水田を起すという当時の開発の仕方によったであろう。そのために、遠隔にある田を耕作する下人や在家農民は、居住条件は悪いが、耕作の便のためにその田地の側に小屋を建てるなどして住んでいたのではないか。だから耕作農民の居住地も、かれらが服属する小領主や役負担するほどに上昇した在家農民が居住する村に集住するのではなく、田地が散在するのに合わせて散在していたと考えられるのである」。

†「農民古風説」

さてここで時代を一挙にとんで、近世江戸時代の初期に入ることにしよう。取り上げるのは、『飽海郡史《あくみぐんし》』という文献である。(6) そのなかに、「農民古風説」という文章が収録されている。「天和貞享の頃(一六八〇年代)の風俗」を筆記したものという。その頃の農民生活の状況。

「先つ家ハ丸木の柱を掘立て簀戸ニ鳴子を付け大工葺師も手間替りして今の如く材料も入らず本より板敷もあらねば囲炉裏《いろり》のしめりて火の用心によし敷物ハわら莚《むしろ》にして京間田舎間の掟にたがハず菅延ちがやハ珍客又は盆正月の料とし板二三枚打合せて御祓棚とし下は持仏堂ニ用ひ……曲物《まげもの》を入れ窓とし櫨子にて用をとゝのへ明り障子なければ打杭めんとう長大な簀も入らず。

……

われ鍋の火鉢さへ稀なれバましして火燵《こたつ》をしらず八ツ足と云ふ竹有て冬より春までぬれる物を掛けてほしたり……」

これは『飽海郡史』の編者によって「下級の境遇」とされているが、しかし「当時細民の生活率《おおむ》ね斯クの如キモノトスレバ其以上ニ於ケル亦太タシキ懸隔ナカリシナランサレハ町家ニアリテモ寛永ノ頃（一七世紀前半）鶴岡ニ初メテ礎石建築ヲ見」たといわれている。この頃の農民の家は、現代風にいえば「掘建て小屋」だったのである。

†庄内における「検地帳」と「宗門人別帳」

周知のように、近世江戸時代には、それぞれの地域を支配する領主が年貢を徴収するための原簿として、検地を行い、検地帳を作成していた。庄内地方を幕末まで長く支配したのは酒井氏だったが、入部した翌元和九（一六二三）年に、領内の一斉検地を行っている。その後も寛文九（一六六九）年以降、数度の一斉検地を実施するが、「これらの酒井氏の検地は、『村切《むらぎり》』によって一定範囲の土地を村の土地と定めその土地に住み耕作する農民を『名請人《なうけにん》』として検地帳に書き上げて、村の連帯責任で年貢の納入義務を負わせるという、『村請《むらうけ》』制を厳格に実施するものであった」。ただし実測を伴う検地は元和検地だけでその後は明治の地租改正まで実測は行われなかった。つまり、寛文九年以降の検地帳ないし水帳は、元和検地で調べられた田畑屋敷等の土地の品等、面積等をそのまま書き写し、その年の所持者を確認して記載したものだった。だから、これらの「検地帳」（「水帳」ともいわれた）、あるいは、検地帳に記載された人名ごとに整理して書き直した「同人寄帳」によって、その時代時代にその村の田畑を耕作していた農民の名前とその耕作地名、面積が分かる。その他、農民の名前が確認できる文書としては、よく知られている「宗門人別帳《しゅうもんにんべつちょう》」があり、酒井家の支配下の庄内農村でも、これは作成されていた。

私の調査対象地牧曽根《まきそね》村（明治町村制下の北平田《きたひらた》村大字牧曽根、現酒田市）に、これらの「検地帳」「同人寄帳」あるいは「宗門人別帳」が残されていたので、それらをつなげて年代ごとの変化を追跡してみた。

まず酒井藩最初の元和の検地帳であるが、「この帳面でまず目を引くのは、戸数六二戸と、その多さである。個別の所持面積をみると、五反未満のごく零細な者まで書き上げられている」。これはどういう人々だったのか。「これらの人々の名請地を見ると、田一枚だけ、畑一枚だけというような事例が多い。その一筆の面積はかなり大きいものもあるが、しかしこれではとうてい独立の経営として成り立っていたとは考えられない」。また、この元和の検地帳には、屋敷持ちはわずかに八人である。かなりの大規模ないし中規模層でも屋敷地を持たないものもある。庄内藩の田法では、「屋敷は上畑の位なり」とされていたというが、かれらの屋敷は畑と記載され、そこに「礎石」を持たない「掘建て小屋」が建っていたのではないか。

†寛文の検地帳

　次は寛文九（一六六九）年の検地帳である。この検地で特徴的なのは、「名請人の数が元和の六二名から三八名に激減」したことである。「しかも先の元和の検地帳において田一竿、畠一竿とされていたような層はごく少なくなる」。この理由はいろいろ考えられるが、元和の検地では書き上げられていた下人などが、寛文では、「かれらを駆使していた大規模層の経営に含まれるものとして、とくに書き上げられなくなったために、いわば陰に隠れて見えなくなった」のではないか。「だから、近世初期、一七世紀の牧曽根村で独立の経営を営むものは、四〇名弱程度だったのかもしれない。それとももう一点目につくのは、屋敷地が元和の検地帳では八竿だったのに対し、寛文ではそのうちの二竿が分地されて四竿に増え、合計一〇竿になっているが、しかし新しい屋敷地の書き上げはない。先の元和の検地帳では、著しく屋敷地が少なく、その原因として家屋が事実上『掘建て小屋』なので、それが建っている土地がむしろ畠として書き上げられているのではないかと推定したが、寛文の水帳でも新しく屋敷とされた土地はなく、居住条件においてはさほど大きな変化はなかったのではないか」。

　しかし「それにしても、元和の検地帳と寛文の水帳において、そこに書き上げられている人名には大きな変化がある。しかし、同じ名前も散見される」。この名前の一致が経営としても継続していることを意味するのか、名前の不一致が経営としても別なのか。その点を調べるために、「所持地の一致、不一致を点検してみた」。この問題は、単独継承だけでなく、分割継承もありうるので、かなり複雑な検討を要した。その結果、名前が同じで、所持地も一致する例が一件あったが（これは後代の一子相続で屋号も継承するのと同じ形式である）、反対に名前は違うが、所持地は一致している例（これは、やはり一子相続だが、名前は代によって変えているのだろう）、他方、土地はほぼ均等に二分されて、そのうちの一つが寛文と同じ名前に継承され、他の一つは別の名前に継承されている例があった（これは、後代で言えば分割相続で、そのうち一人が先代と同じ名前を名乗っている例である）。さらに、土地の大部分を別の名前の一人が継承し、他の一部の土地を別の名前の一人が継承しているという例（これは後の時代でいうと分家創設のようだが、それぞれ名前は変えている例である）、また、名前が同じでも所持地の継続がなく、経営としては別と見られる事例が六件見られた（これは名前だけが偶然の一致であろう）など、さまざまな事例が見られた。

以上「元和から寛文にかけての、つまり一七世紀の牧曽根村においては、所持地の単独継承と見られる事例と、かなり均等な分割継承と見られる事例が混在していた」。しかし「検地帳系統の文書による検討なので、家族関係については全く不明であり、その継承が、相続といえるのかどうかは分からない」。しかし、後代の伝承等を含めて推定するならば、以上の継承と述べた関係には相続と見ることができるものもありそうである。つまり「単独相続と均等分割相続の混在」である。こうしてみると、「一子相続によって家の永代の存続を図り、したがって屋号という家の名前をつけて継承してゆくという日本的な家継承の慣行は、農民一般にはまだ定着していないと見られる」のである。

他方、なかには「かなり大規模な経営の解体、あるいは土地の売却、そしてその土地の買い入れによる規模拡大と推定される例もあった。これらの事実は、この頃の牧曽根村における経営の不安定さを推測させるといえよう」。また、「酒田の町方の地主の手に移った土地も目立つ」。

関連して、記載されている耕地、とくに田の一筆当たりの面積をみると、最頻値は一畝歩以上三畝歩未満にあるが、三畝歩以上ないし五畝歩以上の田もかなりあって、一反歩以上の大面積も少なくない。最大のものとしては、八反歩以上が一枚、五反歩以上が二枚あることが分かる。このような田は、当時の耕地造成技術では水張りが均等にできたかどうか、かなり疑問であり、おそらくその中を中畔によって細分化して耕作していたのかもしれない。しかし、それにしても当時の稲作技術はかなり粗放だったであろうから、そのことが、検地帳に示されている大規模経営の解体、土地の売却などに結果していたのではなかろうか。つまり家に屋号などと名前を付けて永代の存続を願うことができるほど、この頃の経営には安定性がなかったのである。

†「彦右衛門記録」

しかし以上は「検地帳」に示された戸数と名請人の人数である。そこに記された農民の生産と生活をうかがわせる資料はないか。そのような資料として目についたのが、川南の余目《あまるめ》町史資料として刊行されている『西野　伊藤氏記録』である。[7] これは西野《にしの》村（後余目町大字西野、二〇〇五年以降庄内町）に住んだ伊藤家の彦右衛門という農民が書き残した記録である。拙著では、「彦右衛門記録」とよんで、その記述のうちの稲作経営の変化と、家族員の動向に関わる記述の中から「家の形成」を追跡してみた。まず「初め寛文一二（一六七二）年の頃から貞享三（一六八六）年の頃までは、稲の総刈束数が七、〇〇〇束から四、〇〇〇束程度で推移しており」、これを先に見た庄内藩の「田法」でいえば、「七町から四町歩程になるが、しかし当時の生産力ではそれほどの収量はよほど土地条件の良いところで好天に恵まれなければ困難と考えられ、実際の面積はもっと大きかった」とみられよう。ところが、その後六年間ほどの刈束数の記録の中断があり、その間、天候不順、不作が記録されていて、「田畑共に悪敷候家来共酒田御ふしんニ雇越　壱人ニて壱分つつ取参候」というような状況になったようである。つまり彦右衛門家の経済的困難に直面して、家来つまり下人たちが酒田の普請雇に出かけていって、賃金を取ってきたというのである。この頃、寛文一二（一六七二）年の河村瑞賢の西回り航路の開発によって、急速に酒田などの町場の経済が発展して、農村の農家の下人等の稼ぎ所になっていたようである。

そして、元禄（一七世紀末）に入る頃から、彦右衛門の日記には稲作についての記録が再開されるが、その時には、「総刈束数が二、〇〇〇束から三、〇〇〇束程度になり、そこから推測される経営規模は二ないし三町程度、大きめに見積もって四町歩程度に縮小する」。そして農作業に関する記事がまことに詳細になり、例えば元禄一二年には「わせ田五人にて打惣而田やわらか成年也　一　五月十日ゟ《より》田植立申候　くろは弐人ニてぬる」とあり、さらに元禄一三年には「わせ田五人にて打六人にてこ切壱人半ニてかへす残馬かきニ仕候」とあって、「少なくともこの頃には、田打は人力により、田打の後には小切りを行い、馬は代かきに使い、また畔ぬりにも労力を割いていることが分かる」。また、肥料の運搬に関する記事が頻出し、「例えば……『二月十四日迄土こえ引申候　十五日ゟ《より》そり地切申候』などと、雪のあるうちに馬橇で堆肥を運搬することが、この頃すでに行われていることが分かる」。

このようにして見ると、彦右衛門の経営は、初め七町歩（ヘクタール）以上もあろうかという大面積で、「下人などと呼ばれる従属民の労働力による、近世初期的な粗放な大規模経営」であったのが、やがて、「彦右衛門とその家族の労働力を中心とする家族経営として形成されるようになっていった」と見てよいであろう。つまり、「規模を縮小しかなり集約化した農業」

をいとなむようになっていたが、「しかしそれでも二ないし三〇〇〇束ほどの収量を挙げるには三ないし四町歩ほどもあったろう。その全体を統括していたのは彦右衛門」で、記述内容から推測すると、その片腕となっていたのは「彦七」および「猪兵衛」と呼ばれる息子、および嫁入り前の娘「おすへ」とみられる。しかし、これだけの家族労働力では、馬を使っていたとはいえ、ほぼ完全に人力に依存していた当時の経営には、不足だったであろう。「集約化」すればするほどである。

†下人から「若勢」へ、「すけ」と「ゆい」

しかしここで注目したいのは、家族労働力で不足する分を補う労働力の性格である。つまり「規模を縮小する前には『下人四人にて作』などといわれていた奉公人が、元禄八（一六九五）年に、初めて『勘十郎置始ル』と固有名詞で記載されている」のである。しかも「置く」という表現にも注意したい。この後、「勘十郎、源三郎、兵四郎」（元禄一二年）とか、「兵次郎、源三郎、勘十郎」（元禄一三年）などと、一〜二年ごとに、ほぼ三人の名前が記載されている。そして、元禄一七年つまり宝永元年の記事に「勘十郎八俵、源三郎外拾七俵四斗五升」などと初めて「給米」の記事が登場する。「奉公人を『置く』とは、かつてのように従属民を抱えるのとは異なって、家族を持ち、相対的に独立した存在になっている人びと、その意味では独立の家をもつようになっている人々を給米によって雇傭するのであり、この人々は、後の時代の庄内で『若勢《わかぜ》』と呼ばれる男子奉公人に著しく近づいているように見える」。この言葉は、宝永八（一七一一）年に、「若せ田四百かり下の土手下共ニ弐人うへ申候」という表現で初めて使われている。

しかし、彦右衛門の経営にとって必要な補助労働力は、これらの奉公人だけではない。「とくに田植など多くの労働力を要する時には、臨時雇の他に『すけ』あるいは『ゆい』などに頼っている。……例えば元禄一一年には、四月十六日ゟ田植申候　道下さうとめ十二人苗取六人、割余りわせ田さうとめ七人なへ取四人、やとい助共に六人残ゆいニて仕廻申候」とある。「この『すけ』あるいは『ゆい』がどういう関係から来ているのかは不明だが、雇いについては元禄一五（一七〇二）年に『田植雇十七人男女共ニ壱人ニ付六合六勺頼米壱斗壱升　村之内ハ五合ツツニ雇申候』と記されており、田植は男女で給米に差がなかったこと、また村内の人は若干安く雇うことができていることが分かる」。「さうとめ」とは今日でいえば「早乙女」であり、田植はこの頃でも女性が主役だったようである。そしてこのように、村が、家にとって経営を助ける重要な役割を果していたのである。なお、右の記述で、「道下」、「割余り」などといわれているのは、田地の名（固有名詞）である。

†宝暦の検地帳

牧曽根村で残されている次の検地帳系統の文書は、宝暦一〇（一七六〇）年の「同人寄帳」である。寛文からの推移について個別の検討は省略するが、寛文期一六六九年以降、宝暦期一七六〇年に至る一〇〇年の間に均等分割継承は姿を潜め単独継承が一般化している。なかに単独継承でない場合には、所持地のごく一部、その経営を危うくしない程度の田畑を分与している分家創設と見られる事例があった。つまり、寛文以降宝暦に至る間、つまり一七世紀半ばから一八世紀半ばまでの間に、右に見た「彦右衛門記録」を援用するなら稲作の集約化が進む元禄年間、つまり一七世紀末頃までに、日本的意味での家が始まったと見られるのである。もっとも、この点については、次のような享保四（一七一九）年の通達に見られるような藩の規制もあったようである。

「於二郷中一大小御百姓共持高之内、末々之子供江配分致候儀御停止ニ候所、近年已来猥ニ高分ケ致候様有レ之候様相聞江候、自レ今以後者無レ拠子細有レ之高分仕度候儀ハ勿論、縦大高持之もの隠居料等として当分之高分ニ而も、内々ニ而猥ニ不仕、尤家本相立候様ニ考、其筋大庄屋所江相願、御郡奉行・御代官之可レ随二指図一事」(8)

これは、先に第七章で見た薩摩藩の不定相続の背景にあった「門割制」とは著しく異なるといえよう。坂根嘉弘によると、薩摩藩領では「既墾地の周辺に未墾地がひろがり（開発フロンティアの存在）、農民が未だ開発集団としての性格を保持」していた。[9] むろん庄内藩領でもこの後新田開発は行われるけれども、この時代すでに基本的には既墾の水田を基礎に、それを耕作する農民に安定的に年貢を納入させるべく、一子相続によって農民の家の安定を追究する政策だったのである。

†庄内の地主制

庄内地方は、日本の水稲作地域でも地主制が発達したことでよく知られている。「東北＝新潟千町歩地主地々帯」の四家について、山田盛太郎が掲げる大正一三年の所有水田面積の統計数字によれば、庄内本間家が「日本最大地主」として一六八一・四町歩（ヘクタール）、ついで宮城仙北斎藤家が一三二五・七町歩、さらに新潟北蒲原市島家が一一八六・八町歩、秋田仙北郡池田家が九六九・二町歩となっている。他に、「北海道千町歩地主」の空知雨竜村の蜂須賀農場なども掲げられているが、[10] このうち雨竜村蜂須賀農場については、第六章で北海道小作制大農場として見た。しかし、これは本州山形県や宮城県、新潟県、秋田県の地主制とは性格が違うことはいうまでもない。

　ここでは、この章のテーマに従って「日本最大地主」本間家の所在地庄内地方に視線をおくが、しかしそこにおける地主の性格は、先の第四章で福武の報告で見た「東北型の秋田の村」とは大分違う。同じ東北といっても、である。福武の言う「東北型」では、基本的に本・分家関係に基づいて地主制が形成されており、その「家族主義的関係」が、町場の「商業高利貸地主」にも受け継がれているといわれていた。しかし、ここ庄内では、むろん本家が分家に土地を貸与することはあったが、地主制がまさに地域社会における支配的な社会制度として形成されてゆくのは、「商業高利貸地主」の土地取入れと貸付け、小作料収取の盛行によってなのである。

　これまで見てきた各年代の牧曽根村文書のうち、「宝暦の同人寄帳で特徴的なのは、酒田などの町方の地主の土地集積が著しくなっていることである」。その地主たちの土地集積を追跡して見ると、始めは元禄期のようである。『鶴岡市史』上巻によると、「寛文延宝期（一六六一～八一年）を境として農民層の分解は益々展開し、比較的大きな経営規模の地主手作《てづくり》経営が栄えた」という。この「大規模経営」とは「田屋を設けて手作経営をする」ものであるが、「手作」といっても自ら農作業を営むのではなく、現代風に表現するなら「田屋」つまり現地管理者を置いての直営である。「その後とくに元禄期（一六八八～一七〇四年）になると『都市の消費経済の発展のために米の需要が増加し』たことによって、『地主手作が益々有利とな』り、『従って新田開発や切添、畑返し等も盛んに行われた』という」。……「ところがやがて、享保期以降、奉公人の年給が『高騰』し、それにもかかわらず『奉公人は減少し』、『地主手作りの行き詰まり』が目立つようになり、『地主が作人に田地を貸して立上米を取る地主小作関係が広がりつつあった』といわれている」。町方地主の耕作人への土地貸付け、小作料収取の関係がこのようにして始まるのである。

後に日本一の大地主になる本間家も初めは「手作りをおこない、他方併行して作預けも行っていた」と見られるが、これはこの少し後、元文から宝暦の頃であった。つまり本間家をはじめとする地主たちは、田屋を置いての手作り経営ではなく、みずから自立経営を行っている農民に預け作をするようになってくる。「そのような農民のなかにも土地を質入れして借金をするものが出て来るが、そのような場合にも、土地を引き上げて手作りするのではなく、質入れしたその人に作預け」して小作料を収取する関係が広がっていった。このようにして、庄内の地主制は成立したのである。[11] だからここには、本家が分家に土地を預けて耕作させるような「家族主義的関係」などはない。むしろ商人の経済計算による小作料の収取関係なのである。

先のように「われわれの理解では、この頃になると農民たちはすでに集約的な農法を取り入れて一子相続によって永代の存続を願う『家』を形成し始めていたはずである。この農民の

『家』の安定性こそが、地主が依拠する『小作人』となっていったのであろう」。

†継承の家族関係——宗門人別帳

この後、私の著作では、牧曽根村の享和元（一八〇一）年の同人寄帳を取り上げているが、そこでは、屋敷地だけで田畑がない家、所持地があってもわずか一竿、面積にして二畝歩以下という家があり、このような状況ではほとんど生活が困難と思われるので、これらは、「湊町酒田にごく近い牧曽根のこと、商品経済の発展のなかで展開してきた農外の諸業に従事していた」人びとであろうと推測している。このように拙著では、「元和、寛文、宝暦、享和と順次に年代を追いながら、検地帳等の文書によって、一竿ごとの田、畑、屋敷に関して所持者の異動を追求してきた」が、……「しかしこれらの検地帳系統の文書では、当然ながら家族関係については全く触れられていない。そこで、これまでは相続という言葉の使用を意識的に避けて、継承という表現を取ってきたわけである。周知のように近世の村文書において家族関係の状況を見ることができるのは、宗門人別帳系統の文書である」。

そこで、同じ牧曽根村五〇戸前後の、文化一三（一八一六）年、安政六（一八五九）年、そして明治三（一八七〇）年の三冊の人別帳を点検したところ、文化一三年には家の代表者の兄弟姉妹で結婚しながら同居しているのは一例、その意味で複合家族は五〇戸中一軒、安政六年に

「倅女房」が二人いる集団が一軒、つまり以上幕末一九世紀の牧曽根村には複合家族は二例、明治三年はすべて直系家族で複合家族はない。この間、これらの家には検地帳系統の文書の検討から大規模経営と見られるものはなく、これらの複合家族は経営の必要からの大家族ではなく、何か個別の事情によるものと見ることができる。

こうして「この時代になると、庄内農村では直系家族が基本形となっていたと見られるのである。そうだとすると寛文期から宝暦の間に一般化してきた単独継承は一子相続だったと見ることができるであろう。つまり、経営の継承者は前代の子供のうち一人であって、その継承者以外の子供は結婚とともに他出する、あるいは同居している間は配偶者をもたないために、家族形態としては直系家族が一般的になったと見られるのである。ただし、非後継と見られる未婚の『倅』が、一〇歳代後半、さらには二〇歳代になっても同居している事例が八軒もある。これらの青年たちは当然親の家の労働力になっていたであろう。また、一子相続の基礎の上で、分割する場合には本の経営を危うくしない範囲で一部の田畑を分与している事例が見られたが、これは……分家慣行の形成と見なしてよいであろう」。

†庄内の同族団

このようにして、庄内地方においても「本家と分家からなる家集団、つまり同族団が形成されることになるが、そのなかで一般に本家は経営規模が大きく、分家は小さいということになろう。このような本家と分家との間では、生産と生活のさまざまな面で協力、共同の関係があっただろうということは容易に想像される」が、福武直が調査した秋田農村では本・分家関係に基づいて地主制が形成され、本家は同時に地主なのであった。そのため地主制もまた「家族主義的関係」によって彩られており、それを福武は「東北型」と見たのであった。

しかし、先に見た庄内地方西野村彦右衛門家では「貞享期（一六八四〜八八年）頃までは、『下人』、『家来』等と呼ばれる従属民を駆使した大規模経営が行われて」いたが、「それが困難に陥ってからは、経営規模を縮小して家族経営に転化していた。それでも家族員だけでは労働力が不足する場合には、家族外の労働力を給米によって『置く』ことによって対処していたのであった」。つまり「若勢」である。そのような変化の背景にあったのは、「水稲作の集約化による生産力発展と、他方、西廻り航路の開発による酒田を中心とする商品経済の発展、そのことによる労働力の吸収」とであったと見られたのである。

庄内の同族団の特徴は、「一般にその規模が小さいということである。牧曽根村の事例で見ると、分家の数が増えているはずの近代になってからでも、大きい場合で孫分家を含めて八〜九軒、多くは二〜三軒の集団であり、分家を全く持たない家も少なくない。村の戸数は五〇軒余りあるから、どの同族団も村を支配する程の力をもつことはない。つまりここでは、同族団は村に関わるカテゴリーではないのである。以下で見るように、村は、例えば水、草、人など個別の経営にとって公的な性格の関係をなすが、家の出自を契機に形成される同族団は、それぞれの私的な関係なのである。村と同族団はその関係の性格において明確に異なっていることを知らなければならない」。

†村の設定、村請制

酒井氏が入部する前、最上氏が行った検地帳を見ると、中世においてこの地に支配的な力を持った池田氏の子孫刑部左衛門をはじめ武士的な名前をもった同一人物があちこちの検地帳に顔を出す。これは、属人の原理で編成されていた中世的な土地所有関係と生産と生活の共同の組織が、検地によって、一定の土地を区画してその土地の耕作・収穫者を年貢負担者とするという、近世的な検地の方針によって書き上げられたためと考えられる。

先にも参照した井川一良の『八幡町史』上巻によると、「領主にとって、農民支配の基礎単位は村」であり、「土豪や有力本百姓の様に周囲数か村にわたって広大な土地を保有することによって生ずる村域を越えた出入り作関係は、大きな障害となった」ので、「このような小領主的存在を廃し、村単位にすっきりした行政区画にする施策」がとられた。「庄内藩では、この村切りが元和、寛文の両検地を通じて実施された」。つまり「村切り」とは、「村と村との境界を確定し、行政単位としての村を明確にすること」に他ならない。そしてその土地を耕作し年貢を納める人々を「名請人」として検地帳に書き上げていった。このような村の土地を耕作し年貢を納めるのが村の構成員であるが、庄内藩では、その中でも「一石以上の高持を百姓、それ以下を水呑と区別していた」ようである。また、村によっては「名子」という言葉が出て来る検地帳もあるようだが、多くは「百姓」と「水呑」からなり、この二つが近世庄内の農村における基本的な階層だった。

また、村には「肝煎《きもいり》」等と呼ばれる村役人がいた。これは百姓の代表で、庄内藩領では村中の協議によって選定され、その上申を以て任命するという、事実上村の自治が認められていたようである。その他、肝煎のように権威のある村役人ではなく、実務的な仕事でも、「小走」などの役割分担もあった。

このように、近世の藩政が「村」を設定したのは、年貢を徴収するためであったことはいうまでもない。先に紹介した「彦右衛門記録」のなかに、藤左衛門という百姓が「ふりょく」になって、年貢を完済できずに「村中へ家屋敷田地共支配成」、つまり村預けになって、ついては田地を売りたいということだったが、売れなかったので、この二月一三日に村中の寄り合いで「小わり」つまり小さく分割して売ることにして、小割の田地は「永代売り」で一六俵と「小割直（値）段」が決まった。それに組頭が加判し、肝煎組頭たち五人の証文で売れた、という意味の記事がある。この「ふりょく」という内容は分からないが、ともかく年貢完済ができない家があったような場合は、土地の売却に至るまで村が責任を持って、年貢を納入したのである。

このように何か困難が生じた場合には、誰か有力者の意向によって決定するのではなく、村中の家々の協議によって意思決定し、対処しているのである。このように村は、上から設定されたものであるとともに、その枠組みの中においてではあるが、農民たちの協議、契約の場として機能しているのであり、そのこと自体、近世の農民の家は相対的に自立した生産と生活の単位だったことを示しているといえよう。

†協議・協力の組織としての村——水、草、人

ということは、以上のように何か困難に直面した時ではなく、日常的にも、村は農民の家々の協議と協力の組織として機能していた。庄内は、水稲作地方だからとくに水の重要性はほとんど決定的といってもよいであろう。しかし、水に関しては、しばしば村を越える。つまり「水路に関しては、村中を流れる末端の水路とはいえ一村の利用で完結するとは限らず、複数の村にまたがることがあ」るからである。「そのような場合には、両村の話し合いで管理の分担が決められ、そしてその一方……の責任と決まった部分については、その村のなかでの協議

によって個人の管理分担が決められた」ようである。「ここでも主体は村なのである」。「彦右衛門記録」のなかに、「かやくさわけかり」の記載がある。それによると、まず「始め一年に四人ずつと協定して実際に九年間刈って見て、その経験から一年に村の三分の一が刈っても大丈夫と判断して、一一人が三年ごとに刈ることに協定を改定している。つまり、現代風の表現を取るならば、自然の生態を考慮して資源の枯渇がないかどうかを判断した上で、村の取り決めを改訂している」のである。しかも、「その『村中寄合』の協定を籤というすべての村人に公平かつ明白な方法によって決めている」。肝煎など「役職者が私的な利益を追求する態度などみじんも見られない」。この段階で、「家」という概念が使えるとすれば、すべての家に平等な村の運営がなされているのである。これは「屋かや」刈であり、生活上の協定だが、もう一つ、「青草刈」に関する協定もある、「盗苅候には米三斗と酒三樽」の「過料」という「定書」である。これはおそらく肥料にする草であろう。当時、まだ開田していない草生地が広がっていて、そこに生える草は、家畜の餌や肥料として貴重な資源だった。人力耕の時代であるが、運搬用の役畜や糞畜として家畜、とくに馬などの飼養があったのだろう。

「水」と「草」に関する協議、契約、共同の他に、重要なのは、「人」つまり経営の労働力に関わる規制であった。しかし、先に見たように、「おそらくは元禄前後の時期に、近世初期的な、従属民の労働力による粗放な大規模経営から、家族労働力を中心とする家の経営として営まれるようになって以降その労働力の再生産は、少なくとも基本的には、その家の自己責任、つまり家を形成する家族による自己再生産として営まれるようになっていたと見られよう。また、その労働力の発揮つまり労働とその再生産つまりその生活も、基本的にはそれぞれの家による規制ないし配慮のもとに営まれていたはずである」。……「しかし、この問題は支配者にとっても、年貢徴収の安定化という意味で無関心ではいられない課題であった。そのため、繰り返し農作業への規制、督励が行われている」。

例えば、「鶴岡市史編纂会の編集による『庄内藩農政史料』を見ると、寛文九(一六六九)年正月五日の日付で『当十一日より農具支度いたし、当作無油断心かけ可申事』とか、『当十一日より田之こやし持はこひ可申候』などと、細かな督励が行われている」。とくに問題になるのは、他家の子弟で働きに来ている「若勢」たちであった。上からのあるいは村の「休日定」を破って勝手に休むという行為が行われることもあったようで、「度々参照してきた牧曽根村文書のなかにも、『総若勢』の名で『此度拙者共不埒之休日仕』迷惑難渋を掛けたので、今後は休日の定めを『急度可相守……一札指出仍而如件』等と記した文書が残されている」。

†神社と寺

「村人の精神的よりどころは、神社と寺であった。そのことに対応して家々には、神棚と仏壇がある。一神教の文化からすれば異常なことかもしれないが、日本では普通である。しかし決して混淆しているわけではない。はっきりと別である。そのことがよく分かるのは、これまでも見てきた川北の牧曽根村である。牧曽根村には八幡神社があるが、……近在の鶴田村に『城』を構えていた『長井信濃守金国公』が没落して、その家臣が平田郷牧曽根村を永住の地と定めた時、長井家の氏神であった八幡神社を村の鎮守としたものという。そのため初めは金国公の家臣だった……家の屋敷内に祀られていたが、寛永九（一六三二）年に、村の神社として現在の位置に建立されたといわれている[12]」。

「しかし牧曽根の場合、寺は家によって違う。……檀家がもっとも多いのは、鶴田村の長寿寺であるが、その他にも普門院、宝蔵院、妙法寺と、関係する寺は合計四つある。したがって、牧曽根村では、寺に関する事柄には村は関わらない」。詳細については省略するが、これは、それぞれの家の成立の歴史による。しかし、村の全戸が一つの寺の檀家になっているような場合、寺の世話人を村の寄合いで選んだり、寺に関する負担を村寄合いで決めたりすることもあるようである。「一見、村は寺にも関わるかのように見えるが、少なくとも近世以降においては、神社の場合とは原則が違う。宗教上のことは別として、家、村の問題としていえば、家の、したがってまた同族団の先祖の霊に関わるのが寺であり、これに対して地縁組織としての村に関わるのが村の神社なのである」。

†設定された村と形成された村

「以上のように、近世江戸時代の村は、庄内地方の場合、少なくとも初めは『自然』に形成されたというよりは、支配、行政の立場から、検地と村切によって人為的に作られたものであった。農民経営が相対的に自立化して属人的な支配は不可能になった状況の中で、それを属地的に把握するために『設定』されたのが、近世江戸時代の村だったのである。……しかしその支配の中心的意義をもつ年貢の徴収自体が、村請制によって行われたために、完済のためには村人の協議を必要とするものであった。このように、村が村人自身の協議機構になっていく契機として、それ自体支配の側から設定された制度である『村請制』があることに注意しておきたい」。

しかし、「それぞれの家が行う生産と生活にあたって、『水』と『草』に典型的に示されるように、村人の協議、契約、共同を必要とする契機は少なくなかった。労働力としての『人』は、基本的にはそれぞれの家の自己責任で再生産され、発揮されるものだったが、しかし家が直系家族の形態をもつようになって以来、家において再生産される労働力と家が必要とする労働力との間が乖離することは少なくなく、そこに給米で雇傭される『若勢』が成立する。そうなると、その労働の規制は家によっては困難な面が現れ、そのために藩政とともに、村が関心を寄せなければならない事項となった」。

「このように、村は初めはたしかに作られたものであったが、近世の過程を経るなかで、次第に村人の協議、契約、共同の組織として形成されていったのである。それは、村人の生産と生活の必要から次第に形成されて、『自治』的性格をもつようになっていった。肝煎等の村役人も、村人の総意によって選出され、それを踏まえて上から任命されるようになっていった。こうして、行政的な法令や規則によっては認識できない、村人の生産と生活の実態に関わる村が成立していったのである。近世の村は、一面では支配の側から設定された『行政村』であるとともに、村人の生産と生活のなかで形成された『自然村』でもあった。この両側面が不可分に結びついているのが、社会学的な村というべきであろう」。

第九章

「家」と「村」の近代——明治・大正・昭和

†明治の変革と部落、村合併と神社

庄内地方も戊辰戦争から明治維新、庄内藩領から山形県へと移り行くが、ここでも拙著『家と村の社会学』(1)によって、その経過を見ることにしよう。この間、多くの農民を巻き込んだ「天狗騒動」や「ワッパ騒動」などの民衆闘争があったが、これらの出来事については先行研究にまかせて省略することにしたい。(2)その間、ここ庄内でも地租改正が行われたが、注目すべきは、「隣村との間で『錯雑地の編出入』がおこなわれている。いわば、明治の村切りである」。そして、「村合併」が実施された。しかし庄内では、合併されなかった村がわずかに多く、「藩制村五七二のうち地租改正時に合併しなかった村は三二三村で約五六%、合併した村は二五〇村で約四四%である」。その後、「地租改正後、大区小区制から郡区町村編成法下の明治初年の村は、全部で四一七村、そのうち藩制村のまま一村を形成したのは三二三村、七七%だったのに対し、合併して新しい村となったのは九四村、二二％であった。これらの明治初年の村が、後の町村制によって行政上の村がずっと大きくなってしまったなかで、その大字になり、しばしば部落と呼ばれる農民自身の生産と生活の場となっていった」のである。

部落という言葉が、明治一一（一八七八）年の郡区町村編成法施行に当り、山県有朋が「自然の部落」と述べたのに始まることは、第二章において説明した。「庄内におけるこの呼称の使用例は、管見にして多くを知らないが、……まず川南では町村制下の西田川郡京田《きょうでん》村の大字福田《ふくだ》の部落文書の中に、……『今般私共関係部落大字千安《ちやす》京田仝面野《おもの》山《やま》仝辻興屋《つじこうや》仝長崎《ながさき》地方ハ元来溜池ニ依リ水利ヲ用来候処……』という一文が見出される」。この「私ども関係部落」という表現からしても、これらの地名の大字に住む家々の集団のことを「部落」といっているようである。また、これまでも度々参照してきた川北飽海郡北平田村大字牧曽根の文書のなかに、村役場からの「秋季清潔法施行日割」の通知が残されている。この文書は、おそらく秋の大掃除の日程の通知と思われるが、そこには「部落」ごとの実施日割が指示されているが、その「部落」といわれている範囲は、大字と一致する所も、またいくつかの大字を合わせて部落としているところもあって、これで見ると、大字は正式の地名であるのに対して、部落は、秋の大掃除をどの範囲が同じ日に行うか、というかなり便宜的な括り方のようである。これらの例で見ると、「部落」とは、地名ではなく、そこに住み、生活している人々あるいは家々の集団を指しているものと理解できる。

前章で見たように、家の、したがってまた同族団の先祖の霊に関わるのが寺であり、これに対して地縁組織としての村に関わるのが村の神社なのであった。とするならば、明治の村合併にあたって、神社はどうしたのだろうか。一例だが、川南西田川郡福田村は、藩制村の阿部興《あべこう》屋《や》村と論田《ろんでん》村の合併だったが、「神社不合併ニ関スル件上申」という部落文書が残されており、そこには、「明治九年地租改正ノ際行政上ノ都合ニ依リ隣村論田村と合併福田《ふくた》村ト改称セシモ祭祀ノ儀ハ格別ニ相成居候……」と記されている。村人の心のよりどころだった神社の合併には村人の同意が容易に得られなかったことが示されている。

†明治初期の家の後継者と婿取り

ここで家に目を向けることにしたい。明治初期、明治民法のいわゆる「家族制度」によって覆われる前の姿である。飽海郡牧曽根村の明治三（一八七〇）年「戸籍并人別帳」を見よう。「この人別帳には、人名の右肩に赤字で『某々村某々ゟ娶る《よりめと》』、『某々村某々ゟ養子』などの縁組みの関係を記載してある。……筆頭者つまり当主について養子ないし聟の数を数えてみると、二〇人で五二軒中の三八％を占めている。このころ牧曽根村の農民の家では、女子に跡を継がせ、男の養子ないし聟を迎えることがきわめて多かったのである。まだ明治の近代化が始まる前であり、おそらくは藩政期においても同様であったのであろう」。次に後継者について見ると、後継の養子ないし聟《むこ》は九事例あるが、しかし、「実子として男子がいない事例は、……三例だけであり、その他の六事例は実子の男子がいる。それなのになぜ養子を迎えなければならなかったのか。問題は男子がいつ生まれるかだったのではないか。これら六事例について、単純に当主の年齢から実男子のうち最年長者つまり長男と見られる子供の年齢を差し引きして見ると」、当主が三七歳の時、三八歳の時、三三歳の時、三六歳の時、三八歳の時に生まれた子供であり、一軒だけが二一歳と若くして男子が生まれている。「この家の長男が身体が弱い等の条件があったのかどうかは分からないが、他の多くの事例では、当主が三〇歳半ば頃になっても男子が生まれない場合には、養子を迎えることを考えることになるようである」。

「実際に養子ないし聟を、当主が何歳の時、何歳の養子ないし聟をとったかは分からないが、当主と聟の年齢差を見ると」、一二歳、二六歳、一九歳、二二歳、三〇歳、三六歳、一四歳、二三歳となっている。つまり、当主と後継の養子ないし聟の年齢差は、もっとも差が少ないものが一二歳、ついで一四歳、もっとも差が大きいのは三六歳で、他は二〇歳から三〇歳程度が多く、そのくらいで世代交代する必要があったものとみることができよう。「ちなみに、養子ないし聟を含めて後継者と見られる男子がいない家を除いて、当主と後継者と見られる男子との年齢差を平均して見ると、二七歳となっている。おそらく、近世末期から明治初年の頃の当主と後継者との世代交代は、このくらいの年齢差で行われるのが、一般的だったのであろう。ということはつまり、このくらいの年齢差で世代交代が行われることが、家の経営のためには必要だったのである。だから、この年齢をすぎても男子が生まれない場合に、養子ないし婿取りが考えられたのであろう」。

「そしてこの事実には、当時の農法が関わっていたと考えられる。まだ牛馬耕が導入される前のこと、とくに『田打』といわれる耕起作業は、屈強の男子が、力任せに鍬を振るって行う、苛酷な肉体労働であった。男性の家長でも、五〇歳前後にもなると、もはや堪えられない重労働だったに違いない。そして一〇歳代後半から二〇歳代くらいの若い労働力が必要とされたのであろう。そこで、なるべく早く後継の男子労働力を準備しておく必要があったのである」。なかには、「一一歳の養子を迎えている例もある。このような場合には、ただちに聟にするのではなく、娘の誰かを『縁女』として将来の結婚を想定して養子縁組することもあった」。

†家族構成の動態

「次に明治一〇年の史料により、牧曽根村の家族構成の動態を見ることにしよう」。旧北平田村役場の戸籍の閲覧許可を得て、検討した結果である。「この戸籍でも、家族構成は直系家族ないし夫婦家族である。この戸籍簿は、明治一〇年の調製だが、その後しばらくは加筆して使い続けられており」、それを見ると、一軒だけ、「二四歳になる戸主の弟が明治一四年に嫁を迎えており、この家だけは複合家族の形態をとっている。ただし、それが永続的だったのかどうか、あるいはどういう事情によってか、等の詳細は分からない。しかし、この村の農家が一般的傾向として直系家族制をとっていることは明らか」である。

「また、ここでも男子の養子ないし聟が多いことが目立つ。つまり女子を後継者にして、養子ないし聟を迎えることが依然としてさかんに行われているのである。多くの場合、養子を実子の女子と婚姻させるのであるが、なかに……、養子に他家から嫁をとっている場合もある。この夫婦が後を継げば、血統（少なくとも直系の血縁）は切れることになるが、かれらによって集団としての家は継承されるわけである」。また、別の事例では「養子が一四歳、実子の長女は一二歳であり、まだ若いからであろうか、婚姻はしていない。戸籍の記載は長女が『縁女』となっている。つまり、将来この二人を娶《めあわ》せることを前提にして養子をとっているのである」。

「これらの戸籍への記載は、それぞれの家で後継者の確保にはいろいろ苦労があったことを示している。例えば、……先に現当主の姉長女四二歳が婿養子を迎えて家を継いでいたがその娘が亡くなったために、三〇歳の弟長男が現当主となっているのだった。そしてさらに二七歳の弟次男を、次の相続人と定めて、明治一三年に妻を迎えている。つまり、姉と弟二人の間で、当面の継承を行っているわけである。そのため、先代だった姉とその聟との間の長男、したがって当主の甥一三歳は、……他家の養子に出している」。

†非後継者の運命

「以上のように、家を継いだ子供は、男子であれ女子であれ、自分の生まれ育った家に留まって、生活を送るのであるが、そうでないもの、つまり非後継者はどのような運命をたどったのであろうか」。これまで見てきた北平田村の戸籍簿では、「ある程度の年齢に達しているものの多くは嫁入り、養子・婿入りなどで、ほぼ身の振り方が決まっているようである。つまり、既存の他家への縁組みによって将来の生活の道を見出しているわけである」。なかに、ある家の「三女二三歳は、酒田に『建家共買入分家』となっており、町に出て新しい家をもつことになったわけである。その相手がどういう人かは分からないが、まだ資本主義的経営が成立する前のこと、商人か職人か、やはり家を経営の場とする職業であったろう」。また別の家の「当主の弟、次男二九歳は、同じ郡内の酒井新田村に『借地家作之上分家』している。兄が弟のために、近在の村に土地を借りて家を建て、分家させたのであろう。これは、おそらく小規模であろうが、農家になったと思われる」。

しかし、他の家々で、次男三〇歳、長女妹二五歳、次男四〇歳、三男三九歳、三男弟三一歳など、身の振り方がまだ決まっていない人物がいる。「後継からはずれ、他家との縁組みあるいは分家創設もできなかった場合には、生まれ育った家で配偶者をもたないまま一生を送るしかないのであった」。しかし、ある家の長男二六歳は、「貼紙の記載に分かりにくいところがあるが、要するに北海道に働きに行って、行方不明になってしまったようである。この家の後継者としては、長女三五歳を縁女として養子を迎えている。明治一〇年時点で養嗣子は三七歳、長男は二六歳、長男が出ていったので、長女に婿養子を迎えたのか、養嗣子が来てしまったので長男が家を出たのかは分からない。この牧曽根村の明治一〇年の戸籍で『家』というものから放れてしまったのは、この人一人である。この時代、少なくとも安定した生活のためには何らかの家に入り、家に拠ることが必須だったのである」。「しかし縁組みによって家に入ったとしても、それが常に成功しているわけではなく、男子の場合も女子の場合も離縁が多い」。しかし、「女子であれ男子であれ、離縁になったことがその人にとって決定的な否定的評価になっているようには見えない。一度離縁になっても、あらためて再婚、再縁組することは少なくなかった」ようである。

以上が、この章で紹介している拙著の記述である。しかし、この本では第六章で、北海道農村についての研究をも読んだ。そのなかで、黒崎八洲次良『近代農業集落の成立と展開』(3)では、地主制の発達した府県の小作農民で「地主になるのだ」と決意して渡航したものがあり、そのような若者にとって、北海道は「希望の地」だったようであった。右に見た庄内北平田村の青年がそのような決意を持って北海道に渡ったのかどうかは分からない。あるいは、その夢破れて、生家に戻ることもできずに行方不明になったのだろうか。役場吏員の戸籍簿への記述はそこまでは触れていない。

†生活実態としての家

「以上見てきたように、近世後期から明治初期の庄内農民は、男性も女性も、まさに家のなかで、家によって生きていたといえよう。生まれた家の跡を継ぐか、既存の家に聟ないし養子入り、あるいは嫁入りするか、生家から新しく一軒の家を創設してもらうか、である。これらの家は、農業その他の家業経営体であり、家は家業のための協業組織として編成され、その家業によって人々は生きていたのである。少なくとも安定した生活のためには、何らかの形で家に拠ることが必須であった」。

「これらの家は、しかし、明治民法に規定された家とは異質である。イデオロギーとしての家ではなく、まさに生活実態としての家である。……そこでは、家はそれぞれ屋号と呼ばれる家名をもっており、一子相続によって、永代の存続が追求されていた。家族形態としては一世代一組の夫婦からなる直系家族制がとられ、したがって家のメンバーとしてしっかりした居座を占めるのは戸主夫婦と後継者夫婦の四人ということになる。しかし、家を継ぐのは嫡長男とは限らず、また男子とも限らず、女子が後継することも少なくなかった。その場合には、家業としての農業の担い手として養子あるいは聟をとる。しばしば東北地方には『姉家督』が多いといわれているが[4]、跡を継ぐのは長女とも限らない。次女以下であっても、ちょうどよい年齢で、健康その他の条件で適格者であればよいのである。要するに、戸主夫妻の年齢の進行に応じてうまく次の世代の家業を継承してくれる家のメンバーをどのようにして調達するかが問題であって、そのために最も適当な方法を選びとるのである。つまり、明治民法に規定された嫡長男の相続は、たまたましかるべき時に男子が生まれ、健康に育った場合以外は、農業経営の実態からして必ずしも行われていないのである」。

「しかし、大正生まれのある故老からの聞き取りによると、『自分の子供の頃は、アニが跡継ぎと決まっていた』という。アニとは、長男のことである。とはいっても、男子がない場合、女子に跡継ぎさせて聟を迎えることが引き続き行われていたことはいうまでもない。問題は、男子が遅く生まれた場合、明治民法の規定のように、養子ないし聟にたよらずにどこまで嫡長男相続を行うかであったろう」。

「この間の庄内農業の変化としては、明治三〇年代から四〇年代にかけて普及定着する馬耕の導入と乾田化を中軸とする明治農法をあげることができる。この点についてはまた後にふれることにするが、明治農法とは、耕起作業での畜力利用だけでなく、金肥の導入や塩水選の採用など稠密な肥培管理による多収農法を意味していた。したがってそれは、各地で馬耕競犂会が行われたことが示しているように、耕起作業過程を馬耕技術の習得を必要とするものに変えるとともに、肥培管理に関しても熟練した技術を必要とするものに変化させ、こうして庄内農業を、若い男子労働力の力任せの労働から、習得過程の必要な技能労働に変化させたのである」。「このような変化は家長が農業の担い手である期間を延長したに違いないし、また将来の家の農業の担い手となる後継者の農業労働をも、しかるべき技術の習得期間を要するものに高度化したであろう。そしてそのことは、嫡長男の成長を待つことを可能とさせるとともに、親から子への技術継承の必要性から（『家の田一枚毎のクセを覚える』など）、嫡長男に後継させることを望ましくもしたのではなかろうか。むろん筋力を必要とする作業は依然として少なくはなく、そのため、若い男子労働力が不足する場合には、『若勢』と呼ばれる非親族の奉公人労働力に依存することによって切り

馬耕は難しい技術を要する作業だった（酒井忠明『写真集　出羽国庄内　農の風景』1997年）

抜けることが行われていた。『若勢』労働力の雇傭は、すでに見たように、庄内地方では実は近世以来行われてきたのであるが、明治以降についていえば、地主制の展開のなかで、しばしば分家層からなる零細規模の小作農家を給源として広範に行われていたのである」。

†地主と明治町村制

「庄内地方は、敗戦後の農地改革に至るまでは、大小の地主が地域に支配力をもついわば『地主王国』であったことで知られている。ただし地主といってもさまざまであって、それを区別する最も基本的な規準は、当然ながら土地所有規模である。それとも関連するが、第二にその居住地が町方か、村方かという点を挙げることができよう」。大正一三（一九二四）年の農務局調査による「五十町歩以上ノ地主」名簿に登場する人々を庄内の分五一人について見ると、なかでも最大なのは、酒田市在住の、田畑合計で一七四九町歩（ヘクタール）所有の信成合資会社であるが、これは、前章でも触れた日本一の大地主本間家が作った土地管理会社である。「しかし五〇町歩以上といえば、それこそ大地主ばかりである。そのせいか、五一人のうち村方の三二人に対し町方が一九人と、比率が大きい。実際は、もっと小規模な地主がたくさんいるはずである」。そこで、明治一八年の庄内地方地主の所有地価金の資料を見ると、地価金三〇〇〇円から五〇〇〇円という地主がもっとも多く、一八〇人もいる。この年の平均反当法定地価で割ってみると、この程度の所有者とは、およそ八町五反（約八・五ヘクタール）から一四町二反（一四・二ヘクタール）くらいの田を所有する地主ということになる。「地主といってもこの程度の人が多いわけで、自分で耕作する農民ならば、この程度の面積なら自作地に若干の貸付地をもつ程度である。在村地主にはこういう人が多かったと考えられる」。

明治のはじめ、さまざまに行政区画が転変し、やがて明治二二（一八八九）年の町村制によって、ようやく近代の行政村が確定されるわけだが、その間、村々に居を構える地主たちの勢力争いによって、行政区画の転変が行われることがあったようである。事例として、川南の西田川郡豊田村をとってみると、ここはこの時点でおそらく五〇町歩（ヘクタール）程度所有のD家の居村だった。このあたりの村々には、それぞれ地価金五〇〇〇円から二万三〇〇〇円程度（おそらく一〇町歩余から六〇町歩余程度）の中小地主が居を構えていた。そのなかに、播磨村在住のS家（おそらく三〇町歩程度所有）があったが、このS家の当主はD家とことごとに対立しあう関係だったらしく、その両家間の張り合いがこのあたりの行政区画の変動を巡る中心的なドラマだったようである。詳しい経緯は省略するが、その結果、町村制によって、D家が所在する豊田を中心に一一カ村合併で京田村が結成され、他方のS家が所在する播磨村を中心に五カ村で栄村が結成された。それぞれがそれぞれの新行政村の村長ないし助役などの要職を務めている。

しかし、庄内のすべての地域でこのようなドラマが見られたわけではない。これまでも度々古文書によって家と村の姿をたどってきた牧曽根村のある辺りは、町村制によって一〇カ村が合併して飽海郡北平田村が形成され、そこにはほとんど一〇〇町歩にも達しようという地主M家があったが、行政村との関わりで目立った動きはしていない。川北では、巨大地主本間家も、その所有地が村などは（町村制の合併行政村でも）はるかに越えて広大な範囲に土地をもっていたので、たかが一村の支配など眼中になかったようである。そして、もっぱら小作地の収量増とそのことによる小作料の収益増だけを追求していた。川北の地主には、そういう本間家の行動様式の影響か、右に見たようなD家とS家の角逐のような行動はあまり目立たない。そして、行政村の村長などの権力ないし権威を追求したのは、むしろ一回り規模の小さい自作層だったように見える。

†地主と農事改良――川南の事例

明治中期の頃、右に見たD家は、「手作り地主として、水田六町四反八畝余、畑七反余、合計七町一反八畝余（約七・一ヘクタール）の自作地を持っていた。これだけの田畑を、若勢四人を雇傭して、経営していたのである。このあたりでは、かなりの高水準の技術を保持していたと見られ、……明治三九（一九〇六）年『奥羽五県聯合共進会』で粳米《うるちまい》四等賞を勝ち取るなど、さまざまな稲作の表彰を受けている」。

「これらの技術を保持していたのは、始めは父親の当主D・Hであろうが、やがてはその下で鍬頭《くわがしら》を務めるようになっていったその子D・Bであったろう」。保存されていた親子二代の履歴書にはさまざまな分野の表彰状とともに、多くの講習証書が綴り込まれているが、「何といってもかれが熱心に学んだのは農業関連の分野」であり、農業関連の講習証書もかれの履歴書綴りには数多く綴じ込まれている。そして、明治三四（一九〇一）年には、「大日本農会付属東京高等農学校」の「夏期講習会」に出席し、この時、農学者として著名な、かの農学博士横井時敬《ときよし》の講義なども受けている。「周知のように横井時敬は、当時福岡県勧業試験場にあって多くの農業指導者を育成し、かれらを日本各地に派遣して、乾田化と馬耕の普及を基軸とするいわゆる『西南農法』の育成に務めた人であり、これがやがて『明治農法』、いわば日本型近代農法として各地に定着していくのである」。

D・Bは、みずから「西田川郡興農会」を組織し、居村の豊田を始め、周辺農村における乾田化と馬耕の普及に努力を払う。「これらのD・Bの事績はむろん地主としての利害に裏打ちされながらも、地域農業生産力の発展という観点からして客観的に、またおそらくは主観的にも、地域発展のリーダーとしてのそれであったといえるであろう。しかし後継者として『鍬頭』の立場でこのように活躍したD・Bも、やがて家を継いだ直後、自作地を縮小し、小作料収入に安住する道を選ぶことになる。時はあたかも、乾田化と馬耕の導入を基軸とする『明治農法』、いわば日本型近代農法が庄内にも定着して、米反収は上昇し、かつ安定化する時期に当たる。こうしてD家も、地域農業発展のリーダーとしての役割から退き、いわゆる寄生地主としての性格を強めていくのである」。

†乾田化と馬耕の導入――川北の事例

川北に目を移すと、飽海郡で乾田化を先導したのは、日本一の大地主本間家のようである。同家の「本間農場施設概要」には、「明治二四年、本間光美《こうび》ガ乾田馬耕法ノ有益ナルヲ認メ……ソノ普及ヲ図ルタメ、農業教師伊佐治八郎《いさじはちろう》ヲ九州福岡ヨリ聘し、一族並ビニ土地管理人ヲシテ伝習セシメタ」とある。この模範田はきわめて好成績で、来場視察するものが後を絶たず、以後乾田は急速に普及していったという。先に「人別帳」を参照した飽海郡北平田村の明治二六年の「役場資料」によると、総反別六六七九反のうち、乾田反別が四五三反となっている。この乾田がはたしてどの程度の水準のものだったかは疑問が残るが、ともあれ役場資料に「乾田反別」が掲載されるのだから、本間家による農業教師招聘の影響は大きかったと見ることができよう。

そこで先導的役割を果たしたのは、同村在住の大地主M家だったのではないかと思われる。

M家は、後に一〇〇町歩近い土地集積を行う大地主であり、この頃すでに約七〇町歩程度を集積していたと見られるが、明治二〇年代には三町歩ほどの手作り地を年雇によって経営しており、その「農耕日誌」によると、明治二六年に「堅田打《かただうち》」との記録が登場している。この年から乾田化が開始されたのであろう。その後、馬耕が開始されるのは、主に秋耕であるが、明治三〇年からで、その間、若勢たちの苦難の「堅田打」が行われているわけである。

おそらくはそのこともあったであろう。この頃M家の「農耕日誌」には、若勢が「勝手に休む」とか「休返シ」を約束して休んだりする記事が続発する。そして明治二八年、「朝ヨリカヤ取リ午後ヨリ乾田打ツ但シ某ハ馬耕道具を作フ為メ半日休ム」という記事が登場する。M家「農耕日誌」における「馬耕」という言葉の初登場である。しかし、直ちには馬耕は行われず、手労働による田打で秋耕が行われていたようである。つまり、土が固く締まる前に、である。「これまで馬は、M家などではすでに飼養され、萱や薪などを運ぶ運搬用には使われていた。また……代掻《しろか》きには使われていたようである。……『馬耕』が実際に行われた記事は明治三〇年の『農耕日誌』に初めて登場するが、しかしこの年の春は『堅田打』の方が圧倒的に多い」。しかし「この年の秋耕には『田打』という言葉と並んで、『馬耕』が頻繁に登場している。この年の春から秋までの間に、M家の若勢が馬耕技術をしっかりと身につけたのであろうか。……そして、明治三三年には、なかに『田打チ』の記事も混じるが『馬耕起シ』が一般的になり、秋耕は行なわれなくなる」。

「右に見たように、M家の事例では、乾田の導入の後、基本的に馬耕によって耕起が行われるようになるまでには数年を要している。つまり乾田化は多収穫のゆえにまず着目され、導入されるが、しかしそれは耕起が手労働では苛酷な労働を強いることになり、また耕起作業に時間がかかるので、初めは秋耕での対応なども試みられるが、馬耕技術が身につけられると、『乾田馬耕』と一般にセットで表現されるように、明治農法の基軸として定着するのである」。

†田区改正から耕地整理へ

「乾田化する前の湿田とは、要するに水を導入する用水路のみが設けられていて、排水路がない状態であり、したがって排水は行われず、一年間を通じて水を湛えている状態の田のことである。……それが近世以降の集約的農法にとって、むしろ肥料の分解を遅らせ、収穫まで肥料成分を供給できるという意味でむしろ合理的であったとはすでに指摘されている」。また、この頃の庄内の水田は、田を区切る畦畔は屈曲し、しかも一枚の田の中を「中畔《なかぐろ》」で仕切って一畝歩《せぶ》(一アール)程度にして作業する方法がとられていた。農業総合研究所の研究者たちのいう「畝歩農法」である。(5)

乾田化のために、湿田つまり年間湛水田の一部を「つぶして」排水路を掘削することは、それ自体すでに、田地に対する変革、耕地改良を意味する。それにまた「馬耕を導入すれば、それ以前の狭小な田区では作業能率の点で不便であることは容易に理解されよう。……こうして、乾田化と、それが要請した馬耕の段階では、耕作の論理それ自体において田区の拡大の要請が現れてくることになる。『乾田馬耕の導入によって、狭小な水田の畦畔は取り除かれ、曲がった畦畔はまっすぐに直され、水田は長方形に改められた。このいわゆる田区改正によって、面積も増加した。明治二九年頃までに、飽海郡内の七、八割の村落が田区改正をおこなった[6]』という」。

ここまでは「実際に乾田化と馬耕を行って収量の増加を志した耕作農民の要請に基づく、いわば耕作の論理に基づく田区改正といえよう。しかしこの後、飽海郡では一層大規模な耕地整理が行われる。『田区改正』でも畦畔が整理されることによって、『面積も増加した』といわれているが、耕作者ではなく、所有者の論理からすればいっそう面積の増加は望ましいわけで、とくに乾田化による収量の増大、したがって馬耕の普及に熱心に取り組んだ地主たちは、土地所有者の立場からも、耕作農民が行った、『田区改正』のような既存の田の手直しではなく、より徹底した耕地整理を行うことに利益を見出すのは当然であった」。なかでも本間家は、強引ともいえる熱心さでこの事業に取り組んだ。

しかし、事業の進展は必ずしも順調ではなかった。自作農民だけでなく、中小の在村地主もまた「寄生大地主の主導のもとに、零細土地所有者から高額な賦課金を徴収する耕地整理事業の仕組に反対せざるをえない面をもっていた[7]」からである。「計画は東西七・五間、南北四〇間という一反歩区画であった」が、計画地域内の七大字から、「整理それ自体には原則的に賛成しながらも、計画案の一反歩区画に対して五畝割を主張するという動きが現れる。とくに本間家の所有地が相対的に少なかった遊佐《ゆざ》郷（庄内地方北部、現遊佐町）においては耕地整理反対運動が起こり、大正三（一九一四）年に、ついにこの地域は耕地整理事業そのものから脱退するに至る」。しかし平田、荒瀬の両郷では、本間家を中心とする大地主の主導の下に事業が進められた。そして大正五年編集の『飽海郡耕地整理組合事業沿革及成績概要』が「十里の田疇恰《アタカ》モ碁布整然タルガ如ク灌排水ノ便耕耘挿秧ノ利往時ニ比スレバ洵《マコト》ニ隔世の感ナキニ能ハズ[8]」と誇っているように、工事は完成するのである。

†耕地整理の問題点

このような耕地整理について、庄内の在野の農業問題研究家の佐藤繁実は、「耕地整理事業のもたらした諸影響」について、次のように総括している。「影響の第一は、田と畑の面積の関係が変化したことである。……飽海郡では、田が一、四一〇・一町歩増加し、畑が八九七・七町歩減少した。……田の増加は畑の減少によるところが大きかった。……このような耕地整理の地主的やり方によって、この地方の農業は極端な米作農業に傾き農民的商品化作物の発展が全く顧みられない結果となったのである。その一つのあらわれは、採草地たる草谷地、飼料谷地、萱谷地等を含んだ原野の開田と、耕地の画一化により畦畔と農道とが、非常に減少したことである」。

「このように、耕地整理事業は、畑や、家畜の飼料や自給肥料の給源地である採草地をとりあげることによって、農村をむりやり貨幣経済に巻き込む重要な契機を作った。すなわち、耕地整理事業の結果、農業生産力を確保するために必要な厩肥や青草等の自給肥料、また、それを製造する家畜の飼育に必要な青草や乾草が欠乏し、それに代わる手段として、山を手に入れるか購入肥料にたよるかするよりほかに方法がなくなった。……また一方、草地の喪失は、農家の副業の点からみても重大な問題であった。元来この地方では、……藁工品は米作につぐ第二の現金収入源をなしていた。……採草地の減少に伴って藁の加工利用は、自給肥料の原料とかち合うようになった」。

佐藤論文は、耕地整理の影響の第二として、反当収量の増大と、反当所要労働量の減少を挙げている。「これは、耕耘過程の改良によって、一方では土地生産性が増大し、他方では、耕作農民の労働生産力が発展したことを示している」。「かくて耕地整理事業は、地主にとって小作料額の安定とその実質上の増額をもたらし、そのことを背景に『地価の高騰』をよんだ。

『米投機を目的とする土地購入の有利性』をもたらしたからである[9]」。

小作農民の暮らし

地主がいれば、当然ながら小作がいる。「地主王国庄内」には、その地主に小作料を納めなければならない小作人が多数いた。私は、庄内川南の西田川郡大泉村大字白山林《しらやまばやし》（現鶴岡市）のA・Tという小作農民の日記によって、その生産と生活、意識について本を書いたことがある[10]。それによると、元々A・T家は、豊かな自作農家A・Tj家の傍系親族として含まれていたが、その家の戸主が、隣家の政治家の借金の保証人になっていたため、その政治家の落選、破産によって、田畑、山林、家屋などの家産をすべて失ってしまった。そのため、昭和四（一九二九）年、元のA・Tj家から分離独立して、小作農家となったものである。「井戸塀代議士」とは、最近あまり聞かない言葉だが、A・Tjが債務保証をしたのは、まさにそのような地方名士であり、その没落の巻添えを食ったのである。

この時、A・T家の家族員は、A・T本人の他、祖父母、父母、弟二人、妹三人の一〇人であった。小作農としてのA・T家の経営は、すべて小作地の田約二町五反、畑五反であり、地主は八軒（在村二軒、町方六軒）、その合計小作料は、二七石余であった。A・T家の米収穫量は、昭和五年で、玄米六七石余（一石は約〇・一八m^3）、二番米五石余、であった。ここで玄米とは、小作料として納入することができる一番米の玄米のことである。これに対し二番米とは、広義の秕《しいな》を土臼で籾摺りし唐箕にかけて仕分けをして、なお飯米にすることができるほどのものを指し、A・T家を含めて貧しい農家では、自家飯米としてはこの二番米を食べていた。玄米が六七石、小作料が二七石だから、まともな収穫米の四割強は小作料として納めなければならず、生活費は、収穫の六割にすぎなかったのである。だから、一家一〇人の生活のためには二番米まで自家の食用にしなければならなかったわけである。「この頃たまっている二番米のうらひきをやって、五俵と他に二番米を集めて三俵、都合八俵あった。これは飯米となる理だ」などという記事がある。昭和五年の日記である。

小作農家は、稲作農家としての本来の生産物である米だけでは生活できないから、いろいろな副収入に努めていた。日記には例えば、網で雀獲りをして捉まえた雀を売りにいって、「一羽二銭五厘で七十五銭になったのは嬉しい」とか、「父はもやしを売りにいった。……種々の家の門口に立つことの辛さも思ひやられる」などの記事もある。貧しくなったA・T家の様子を見て近隣からは、家族員のうちの年若い弟や妹について、「若勢に貸してくれ」などの依頼もあったが、それには応じなかったようである。が、農閑期には弟が鶴岡市内の商店に「十七の身で奉公」に出る。貧しい小作農民の次三男は家を離れて職を求めるしかなかったのである。下の弟は、北海道の函館に行って就職していたが、やがて昭和一〇年徴兵検査で「甲種合格」

となり、「山形聯隊」に入る。そして昭和一三年「出動の大命」が下り、大陸に渡る。自動車会社に就職していた上の弟も、「北支」に配置転換される。

このころ、農家の次三男が家を出て行く先といえば、この二人の弟のように、徴兵を含めて多くが「大陸」だった。もはや北海道ではなかったのである。このように、当時、中国大陸の侵略地が農村の過剰人口のはけ口としてあったことを銘記すべきであろう。この二人の弟とも、やがて無事に帰国することができたが、それはまことに奇跡ともいうべき幸運だったのであり、このA・Tの日記にも、村の多くの若者の戦死、遺骨の帰郷の記事がある。

小作農民の暮らしは、このように貧しかったから、小作農民たちは集まって相談をして、小作料の減免、あるいは少なくとも納期延期を地主に申し入れするのだった。A・Tの村では、そのような小作農民の相談の寄合は、寺を借りて行ったようで、しばしば「寺寄合」の記事が出て来る。そして交渉に行くと、「昨年度の分を近々にはどうしても納付して貰ひたいし、万一駄目だったら、耕地は取上てしまふ」といわれたとか、「相性合わぬから田を返したらどうだ」といわれた等の記事がある。

†川北、村契約による地主への要求、小作争議

これに対して川北・飽海では、地主に対する小作人の要求も村つまり部落の契約において決

渡部平治郎と「義挙団」、義民を自称する小作争議の旗揚げ（1913年、春日儀夫編『目で見る荘内農業史』エビスヤ書店、1980年）

定されていたようである。前掲拙著『家と村の社会学』(11)によると、明治三〇年一二月の北平田村大字牧曽根の「契約書」に、「客年不作相続キ各自ノ糊口ニモ差支アルヲ以テ今般左ノ契約ヲ為ス」として、「地主ニ対スル小作負ケ引ヲ願立候際ハ一同協議ノ上決スルモノトス」とある。この頃牧曽根は五〇戸、そのうち署名は四八人、署名していない二戸のうち一人は、先にその「農耕日誌」を参照したM家。この時点ですでに一〇〇町歩ほどの土地集積を成し遂げていたはずであり、呼ばれなかったのか、本人の意志だったのかは不明だが、この小作料負引の村寄合には出席していなかったようである。もう一人、署名がないのは石高二斗という家である。庄内の小作は、右に見たA・T家のように、中・大規模経営が多かった。この石高二斗とは、おそらく小作料ともほとんど無縁の年雇層だったのではないか。

このように村の中の大部分の家が小作人となり、その村契約として小作料負引が協議されるようになってくると、村と地主との間の緊張関係が高まってくる。そのような状況の中で実施されたのが、先に見た飽海の大耕地整理事業だった。所有の論理、つまり地主の利害が前面に出てきたところに、飽海郡を中心に小作争議が激発するのである。「その口火を切ったのは、大正三(一九一四)年、『義挙団』の旗揚げであった。その指導者北平田村漆曽根の渡部平治郎は自筆の『大正義民伝』という文書を残している」。私は、遺品として残されているこの文書を渡部家から借出して読むことができたが、そのなかでは、自分を佐倉惣五郎に例えて七五調で「義民」を自称するなど、「いかにも当時の庄内の小作争議の指導者の性格を表している」。この時、「義民」として起ち上がった渡部平治郎の下に集まったのは、零細な小作貧農ではなく、若勢などを雇って経営している中大規模層の小作人だった。そのこともあってか、この義挙団の争議は、ほぼ全面勝利といってよい成果を納める。地主にとって、これら中大規模小作層こそがその小作料収取の対象だったからである。それとともに、これら中大規模小作人は、村の中でも主導的立場にあり、右に見たように村ぐるみの闘争となっていたことも見逃すことはできない。

この後の庄内の小作争議の経過について、斎藤寿夫と菅野正の先行研究[12]によって追跡すると、それはまず、部落単位の耕作人組合から、大正一三年に川北で「飽海郡連合小作人組合連合会」を結成、さらに大正一四年、庄内一円の「荘内耕作連盟」に発展し、同時に日本農民組合に正式加盟して、「従来の部落単位の活動状況とは違った運動段階に入って行く」。この時、「庄内は日農の一つの拠点たるの感を呈してくる」ともいわれている。

しかしこれは、主として町方の中小地主に対するものだった。「本間家は、その経済的余力を基盤に、むしろ調停者役割を果すことが多かった」し、また北平田村在住のM家には争議は起こらなかった。「これは、同じ村の一員として、生産と生活の共同を行っている村民として、争議を起しにくかったことは理解できる。地主からもそれなりの配慮をしたものであろう。小作争議の幹部だったある故老からの聴取りによると、『M家は小作料の緩和をしたが、これは争議によってというより向こうから緩和してきたものだ』と述べている[13]」。

†農民組合運動から産業組合運動へ

以下、その後の経過を、これまで見て来た菅野正の先行研究と拙著によって追跡すると、庄内の農民組合運動はこのように大正末期に高揚期を迎えるのであるが、しかし「この頃を最盛期として、外観はともかく、実質的には次第に衰退に向かってゆく」。ごく大まかにいえば、そこには「上部組織としての日農の分裂と、それにからんだ庄内における指導者たちの運動方針と性格の違いからくる組織分裂が大きく影響していた」。その影響は部落レベルにも影を落としていたようで、例えば北平田村牧曽根でも、大正一五年三月、耕作連盟の方針を巡って村の寄合が対立し、区長と副区長が辞表を出すという一幕もあったようである。このように「耕作人組合の方針に関する討議によって、区長と副区長が辞表を出すというあたりに、部落と組合との一体性がうかがえる」が、ともあれこの後、庄内、とくに北平田村などの動向は、産業組合運動に傾斜していく。

「北平田村の産業組合は、始め信用組合として設立された」。なぜなら、「この時の産業組合の設立は、高利貸地主への対抗として展開された小作争議の延長線上にあった」からである。当時高利貸地主の利子率「月割一分二厘五毛が相場」であったのに対し「産業組合の貸付利子率は年八分三厘であった」。「だからこそ、なによりも信用組合だったのである」。

「昭和元（一九二六）年のこの北平田信用組合の設立申請には、……北平田村内の多くの農民組合関係者が参加しており、この頃の庄内における農民組合運動から信用組合運動へという方針転換の様相が如実に示されているといえよう。しかし、産業組合は経済団体であり、小作争議を指導する農民組合とは大きく異なる経営手法を必要とすることはいうまでもない。おそらくそのような事情から、昭和二年の実際の発足時の理事では農民組合関係者の比率は低下し、それに代わって自作ないし小地主の行政担当者が進出している」。

こうして発足した「北平田村信用組合は、やがて昭和五（一九三〇）年一〇月に定款を変更して四種兼営の産組となり」、やがて昭和九（一九三四）年には、農業倉庫の建設に成功する。これまで「庄内米の流通は、旧藩士団が経営する山居倉庫が大きな力をもち、それに対抗すべく各地に作られた農業倉庫も山居との競争に破れて、解体ないし合併されざるをえなかった。また、鶴岡の地主たちが設立した鶴岡倉庫も容易に乗り越えることができずにいるほどであった。しかし、昭和恐慌から準戦時体制に入り、国策として主要食糧である米の国家掌握の政策がとられるようになり、昭和八年には『米穀統制法』が施行され、籾貯蔵の奨励と融資を開始した。この機会を捉え、北平田産組では、昭和九年度に籾貯蔵のための農業倉庫の建設を決議、各大字ごとに割り当てられた組合員の奉仕作業によって、同年八月に完成させたのである。同年九月には北平田産組は定款を変更して、農業倉庫の兼営を正式に開始、昭和一一年には、倉庫の増築も行って、三万俵の保管を可能とする体制を整える。こうして戦後、北平田村の産業組合は、北平田農業協同組合として改組され。倉庫もその倉庫として活用されることになる」。

†交換分合と自作農創設

やがて戦時体制のなか、政府は「農地政策として交換分合と自作農創設」を推進することになる。まず交換分合について見ると、「庄内のような大経営地帯では、戦争遂行のための動員による労働力不足はとくに著しかった」。したがって、「交換分合は、上からの督励があったにせよ、農民自身の側にもそれに応える姿勢があったことを見落としてはならないだろう」。

北平田村においても、交換分合の最大のねらいは、いうまでもなく労力不足対策だった。とくに戸数が一〇〇戸を越えるような「大きな部落では、耕地が部落の中心から西に一里（四キロ）、東に半道（二キロ）あたりまで拡がっており、耕作のための移動距離が大きく、分合の必要は痛切に感じられていた。それともう一つ、……そのころ反当一五坪という『苗代拡張』の指示が出されていた」。収量増を図るためである。

むろん、それと交換分合は別であったが、部落によっては、それを交換分合の中で実現している。「つまり、それまで苗代は反当七坪ほどしかなく、それを一五坪にすると部落全体で五町にも達し、差し引き二町五反ほどの増歩になるので、それを交換分合のなかで捻出したのである」。

「それともう一つ、交換分合によって地主と小作の関係が変わったといわれている。村内地主でもあった元村長……によると、地主と小作人のつきあいは長い年月を経た親しいもので、小作料を納めると、地主は小作人を招いて『ケセイウェ（皆済祝い）』をした。ところが交換分合で縁もゆかりもない小作人になってしまい、『全くの経済的な関係になった』という。しかし、これは在村地主のことで、村外町方の地主の場合は交換分合の前からすでにこういった慣行も薄れ、『全くの経済的な関係』に、少なくとも近づいていたように見える。そして、小作人の耕作権が確立していた。……『小作権』が確立していて、小作人相互の間で小作権の譲渡さえ行われていたのである。……それは、永小作の場合は支配人を通じて地主に申し出、名義を変えて貰ったが、年季だとしばしば地主に内緒で、元の小作人に小作料を渡し、その名義で払ってもらうこともあった。このように、耕作権がすでに大勢としては一定の自立性を確保していたからこそ、しばしば地主の所有権と抵触しながらも、耕作の論理で交換分合が行われ、それが、なお残っていた村内地主と小作人との人格的関係を断ち切ってしまったものと見ることができるのである」。

†自作農創設の具体的方法

「いうまでもないことだが、交換分合は、耕地の位置、面積、地味等を勘案して、あくまでも耕作の論理で行われるものである。ところが、対象になる耕地のなかに地主の所有地が含まれていると、その地主の所有権と耕作権は別の人物に帰属するわけだから、耕作の論理に従って、耕作権の移動が行われるならば、所有権との間にさまざまな問題が起こりうることは当然である。それにもかかわらず、右に見たような耕作権が一定の自立性を獲得し、独自の論理を主張しうるようになっていたからこそ、戦時期の北平田村において交換分合が行われたのであるが、しかしそれにしても、耕作の論理と所有権の論理との抵触は、なお大きな問題となりえた。……そこで、……交換分合に熱心に取り組んだ部落では、耕作の論理を少しでも優先させて交換分合を効果的に行うために、そこに自作農創設をからませる形で実施するのである。つまり、耕作権の方に所有権を合致させる試みに他ならない」。

その具体的方法を、牧曽根部落の隣、小作争議が盛んだった中野曽根《なかのそね》部落の実例で見ると、およそこうである。「第一に、とくに問題になるのは、小作地つまり地主の所有地と自作地との間の耕作者の移動であるが、その場合まず一方の、自作地に移ってきた新しい耕作者つまり元の小作者は、その土地を自作農創設維持資金によって買い取ることにした。また他方、地主の土地に移ってきた自作者は、そのままでは小作人になってしまうので、地主に交渉して、その土地を自創資金で買い取る手だてをとった。当時の状況の中で、地主の側もこれに応じたもののようである。第二に、小作地同士の耕作者の移動の場合は、人は変わっても地主小作関係自体は存続されることになるが、なかにはこれを機会に新しい地主に頼んで、自創資金で買い取った事例もあるという。第三に、自作地同士の間での耕作者の移動の場合は、単純に土地を取り換えればよいようなものだが、実際は土地条件が微妙に異なるので、自創資金で互いに譲渡、買収することにした。その方が、個別事例ごとにいちいち清算する手数が省け部落の仕事として交換分合を行うのにずっと円滑に進めることができたからである」。……「ところがさらに、この頃になると、交換分合とは無関係に、小作人の希望に応じて、あるいはむしろ当人から希望して、土地を手放す地主が増えていった」。大正期から昭和初期にかけて、小作争議の目標にされた家などである。

これらの事例ごとに部落の四二戸について、その面積を聴取して集計したところ、「昭和一五（一九四〇）年時点のこの部落の属地九七町二反五畝のうち、出作分および入作分を除いた小作地は五九町七反一畝であったが、実にその六六・三％が戦時期末期に自創資金で買い取られたこと」が明らかになった。

†時代の趨勢としての自作農創設と交換分合

「戦時期の自作農創設でこれだけ大きな面積が動いた中野曽根部落の事例は、たしかに特殊であろう。……しかし、……本間家ではすでに大正末期から自作農創設を奨励する政策をとっていたし、さらに昭和期、とくに戦時体制期に入ると、そのような傾向は更に強まって、北平田村でも例えば、昭和一八（一九四三）年に酒田の地主……が新青渡部落の周辺で約一〇町歩を手放すなど、まとまった面積を解放した事例も少なくないのである。北平田村役場の資料によると、昭和二〇（一九四五）年七月末までの戦時末期において、実に三二四町一反九畝九歩（水田）の自作農創設がなしとげられている。これは、そのうちにかなりの交換分合による換地分を含んだ数値ながら、昭和一六（一九四一）年の小作地面積五五七町二反の五六・四％を占めるのである」

「こうして自作農創設は、戦時下の『国策』であるとともに、もっと大きな意味での時代の趨勢でもあったということができよう。それと結びつけて実施された交換分合も、所有権と抵触しても耕作の論理で生産力発展をおし進めようとする措置として、同様な性格をもつものであった。中野曽根部落に代表される北平田村の事例は、たしかに特殊であろうけれども、まず第一に、当時の『国策』に真正面から取り組んでいるという意味で、また第二に、もっと大きな時代の動きを先取りしているという意味で、むしろ普遍的意味をもつ特殊だったのである」。

「この点をもう少し敷衍しておくならば、地主的土地所有はすでに戦前期において、耕作農民の上層部分が生産力担当層として自立的な力量をもってくるなかで、明らかに桎梏に転化していたが、戦時期の食糧増産つまり生産力発展の要請に直面することによって、その止揚は差し迫った課題となっていた。そのことの直裁的な表現が、戦時期の農業政策とそれに対応する庄内農民の動向だったのである」

それは歴史の必然を先取りしていたということができよう。「しかし、歴史の必然とは人間が担い動かすものである。地主の収奪に怒りを燃やして小作争議に取り組んだ人びと、部落つまり村の仲間としてそれを背後から支えた人びと、小作争議が停滞した後、路線を転換して、むしろ地主から独立した自立的経営を目指した産業組合運動に取り組んだ人びと、戦時期のいつ赤紙がくるか分からないなかで、地主の所有権と抵触するにもかかわらず、村の耕作農民のために交換分合や自作農創設に取り組んだ人びと、これらの人びとの行為が織りなしたものだった。……戦争が終わって、農地改革があり、かつての地主も小作も皆同じスタートラインに立った村の青年たちは、生き生きと運動に取り組んだ。そこに生み出された農業発展、それこそが必然性の証明だった。全国的には、日本政府内部でも農林省の役人たちなどはすでに気づいていたが、しかし……思い切った改革は困難だったし、また戦後になっても大鉈を振るうことはできなかった。そこに占領軍の権力が最終的な決断を与えたのであった。こうして、庄内だけでなく日本全国で、今や同時に所有者にもなった耕作農民たちの積極性が引き出され、目を見張るような農業発展を生み出した。それが必然性の照明だったのである」。

†地主小作関係の諸相

見てきたような庄内の地主小作関係は、先に第一章で、有賀喜左衛門の調査研究で見た岩手県石神の大屋S家のそれとは、大きく異なるというべきであろう。S家の場合には、分家に一定の土地を「約地《ヤクズ》」として与えるほか、「分作地《ワケサクチ》」を貸与し、その分家名子との間では、収穫が半々に分けられるのだった。それだけでなく、名子分家は大屋に農事や家事のために「スケ」に行き、その時には賃金はないが、三食と「コビリ」が出されるのだった。大屋の家業は農事だけでなく、漆器業や木地引なども あり、それらをも含めて大屋の経営は成り立っていたのであり、大屋と分家とはそれぞれ独立の家の経営というよりは、むしろ大屋を中心とする家々が一つの集団として経営を成り立たせているとも見られるのだった。それは、本家分家関係と表裏一体の地主小作関係だった。福武直の研究で見た秋田の地主小作関係も、「本家と分家の関係」と一体であり、「子方別家」は「何かにつけて親方本家に出入り」し、「困窮に陥るとき本家地主の救援を期待しうる」のだった。福武はこのような本家と分家、地主本家と分家小作関係を「家族主義的」と見ていた。

これに対して、同じ東北地方でも山形県庄内では、小作農民は地主に小作料を納めなければならないためたしかに貧しかったが、しかしたとえ貧しくとも、自立的な経営を営んでおり、そのためには地主に「負け引き」を要求し、時には「小作争議」に訴えて、自らの要求を通すこともあった。かれらが引き起こした小作争議とは、困窮の上に起ち上がった零細貧農の争議ではなく、むしろ「萌芽的余剰」を手にしつつあった小商品生産者の、より以上の前進を求める運動であり、そのために桎梏となる地主、彼等による剰余労働の収取に対する反撃であった。「家族主義」どころか、お互いに経済的利害を追求する好敵手だったのである。

また、小作争議について、先に第六章で見た北海道のそれとの違いに注意してほしい。とくに雨竜村蜂須賀農場の「昭和四〜年に激発した小作争議」は農民運動史研究会の『日本農民運動史』にも詳細に紹介され、その果敢な戦いは有名であるが、しかし戦時体制が強まるなかで激しい弾圧によって敗北せざるを得なかった。それに対しここ庄内では、むしろ国策に乗る形で産業組合運動に転進し、戦後の農業協同組合を準備したのである。ことの善し悪しはここでは問わないが、農民運動といってもその担い手の性格によって、さまざまな歴史的役割を果したことを認識したいのである。

終章

「家」と「村」の戦後、そして今

山形県庄内地方の「明治・大正・昭和（戦前・戦中期）」と見てきて、次に「戦後」である。ここでも、拙著『家と村の社会学』によって、[1]「今」にいたるまでの庄内農民たちの動向を追跡することにしよう。

†戦後の青年学級活動

「戦時期から戦後にかけては、社会そのものの激変につれて農村青年たちの軌跡、運命も、ほんの数年で大きく変わった。旧飽海郡北平田村（現酒田市）においても、そうであった。……大正生まれの女性たちは、尋常小学校卒業後、高等科に進学するようになっていたが、むろんその後の進学はなく、裁縫を習い、そして二〇歳になるかならないうちに嫁にいくのが一般的な軌跡であった。婚家にあっては、姑や小姑のもとでつらい嫁の生活を送るとともに、男子が戦争に駆り出された後、重要な農業労働力として重労働に堪えなければならなかった。男性の側に目を移すと、昭和五（一九三〇）年生まれの私の知人Im・Sは、先生の勧めで一四歳で海軍に志願して、本人は生きて帰ることができたが、一緒に海軍に入った同期生は一五歳で戦死した。復員後、家の農業を手伝いながら、青年学級で学び、また青年団、農協青年部で活動した。それよりも六歳若い昭和一一（一九三六）年生まれの別の友人I・Sは、戦時中に国民学校に入学したが、卒業の時は昭和二四（一九四九）年、新制度に切り替わってすぐの小学校卒業、そして同じく新教育制度によって開設されていた新制中学校に入学、卒業した。しかし、この頃は一般の農家の子供はこれ以上進学することはできずにすぐに家の農業について、やはり青年学級に学び、青年団、農協青年部に活動の場を見出した」。

「こうして見ると、戦後すぐの青年たちにとって、青年学級が大きな役割を果していることが分かる」。ここで青年学級とは、戦後開設された社会教育組織で、多く公民館等に開設されていた。「敗戦後、村には、高等小学校を卒業後上に進学したくともできない青年たちが、多数とどまっていた。……かれらは進学の願いがみたされなかっただけに、青年学級に熱心に通って学習に打ちこんだ」。

「こうしてかれらは、いつか村の生活のあり方に目を向けるようになっていく。かれらは、『新生活運動』の名のもとに、まず嫁の小遣いの問題を取り上げ、嫁たちの一日の生活時間や一ヶ月の小遣い額、どこから貰うか、その使い道などを調査して、酒田市の青年学級発表会で発表した。これは、各新聞社も記事に取り上げた。……『農村のヨメは角のない牛』、『小遣いどころか医療費の問題』というのがかれらの実感だった。しかしこれには、『村の恥をさらす』と大人たちの抵抗が強く、なかなか運動の成果はあがらなかった。そこでかれらは、今いくらやってもつぶされる、自分で実践して成果をみせることだ、とまず自分たちの結婚式の虚礼廃止を目指していく。つまり、家と家の関係ではなく、結婚する二人のものとしての、会費制による公民館結婚式に踏み切るのである。これに対しても、むろん始めは抵抗があった。しかし、仲間たちが次々にこの方法をとるなかで、しだいに反響は広まってゆき、数年後には、区長会が新生活運動を取り上げるまでになった。公民館結婚式も定着するに至った」。

もう一つ、かれらの活動で重要なものとして、「若勢部屋」の問題がある。先に見たように、経営規模の大きい庄内地方の稲作農家には、しばしば家族労働力だけでは足りない場合、その補いとして零細規模農家の子弟を年雇として雇い、家に置くことが行われていた。待遇は悪かった。そこで青年学級生の一人が「『若勢部屋』の問題を取り上げ、NHK青年の主張に応募して山形県一位、東北二位の成績を収めたこともある。こうして、若勢の実態を認識させ、改善を求めていきながら、雇い主を説得して、若勢を労災保険に加入させる運動に取り組んだ」のである。その成果は実って、「労災保険への全員加盟が実現した」。

†青年意識のめざめと農協青年部運動

「旧飽海郡北平田村においても、戦後、農業協同組合が結成された。……北平田村農業協同組合は、……昭和初期における小作争議、そして戦時期における産業組合運動の系譜を継承しているのであるが」、この点については先に第九章において略述した。そのような系譜をもつ北平田農協は、『北平田農協だより』の編集を青年部に委託した。創刊されたのは昭和三〇（一九五五）年、この年の庄内の稲作は、「有史以来の大豊作」であった。以後豊作が続き、「そして昭和三三（一九五八）年には『四年続きの大豊作……科学する農民、技術の勝利、なんとうれしくそして誇るべき事実ではなかろうか』と高らかに謳いあげられるに至るのである」。

この時期は、「もっとも関心が大きいのは分施である」といわれているように、「戦前期から継承された篤農《とくのう》技術が基本であった。そしてそこに新たに登場した肥料、農薬、農機具などが結びつけられていく。……農機具では、昭和二四（一九四九）年、初めて一台導入された耕耘機が、昭和三〇年に九台、昭和三三年には一四一台に達し」ている。「しかしこのような発展も、少なくとも戦後しばらくは篤農技術と結びついた集約的労働に支えられて初めて実現されたのだった。農地改革によって土地を手に入れた農民たちは、懸命に働いた。永年の渇望であり今ようやく手に入れたこの土地こそが豊かな稔りの源泉であり、働くのはタダであった」。

「しかし、しだいに青年たちに、このような農業、農村のありかたに批判的な目が育っていく。ふたたび『北平田農協だより』をめくって見ると、そのことを示すさまざまな発言を聞くことができる。『いま迄の農民には誤られた勤労の精神が尊ばれすぎたのではないか』、そして『農人並』という古くからの言葉が問題として取り上げられ、あるいは、自家労働をタダと考えて、『何にもさねで、ブラブラってんなめぐせさげ、田の草もう一回廻っちゃ』などという『オヤジ』たちが批判にさらされるようになる」。そして、「このような自家労働評価の高まりは、当然のことながら、青年たちの生活要求を膨らませてゆく」。

「これはまさに、戦後農村における青年意識の目覚めといってよい事態であろう。……この自家労働評価の高まりが、人間としての自覚を生み出し、生活要求を膨らませ、生活様式を変化させていく。……『北平田農協だより』第四六号(一九五九年)には、……『生活の移り変わり』として、衣食住とも著しい進歩、エンゲル係数四〇%内外に低下、高校進学率五割以上、と急速な変貌ぶりが紹介されている。……さらに一九六一年七月には、『テレビ、電気洗濯機、冷蔵庫、電気釜等の電気器具が農村にもどんどん入ってきています』と報じられるに至る」。

しかし、そこに一九五七年には、「預金の額も毎年増えてはおりますが、負債の額は著しく増えております」と農協信用部からの警告が発せられるようになる。

こうして次に農協青年部が取り組んだのは、「青申《あおしん》研究会」だった。「始め昭和二八年(一九五三）年に会員一七名で発足したこの研究会は、……急速に会員を増やし、……昭和三一（一九五六）年には、一六六名の会員を擁して、納税者一〇〇％申請に成功するのである。しかし、青申研究会の活動の意義は、たんに税対策のみにあったのではなかった。むしろ簿記記帳によって可能とされた経営実体の把握こそが大きな成果だった」。

「このような青申研究会と農協青年部の活動を通じての経営分析のなかで浮かび上がってきたのが機械化による余剰労力で畜産など多角経営に進むべきだとの考え方だった。おりから登場していたのが『河野農政』の柱としての新農山漁村建設総合対策事業だったが、北平田ではこれを取り入れて、農協青年部の調査、研究に基づき農協が事業主体となって、東山共同放牧場に取り組むのである。この東山とは、北平田の東方……の丘陵地にある北平田各部落の共有林野のことであり、その合計面積八七町一反を、各部落の了解をえて、農協管理の共同牧場にしようとの計画だった」。……「計画では、……やがて国有林の解放を実現して、五年後には三〇〇町で三〇〇頭の放牧を狙っていた。しかし畜産に関しては、昭和三七（一九六二）年頃から、『牛はギュウギュウ、豚はとんとん』という声が聞かれるようになる。とくに共同放牧に関しては、『効果はさっぱりだ』との声が出始め、その後も次第に放牧頭数の減少を見ながらも継続されたが、昭和三九（一九六四）年を最後に、東山共同放牧場は閉鎖されるに至る」。

†「四石のカベ」に共同化の試み

「しかしそうこうしているうちに、北平田の基幹作物である米に関しても、『連年豊作』といわれ続けた反当収量が頭打ち傾向を示すようになる」。……そこに「四石の壁」が意識されるようになってくる。ここで石とは、一〇斗つまり一〇〇升であり、メートル法になおすと、約〇・一八立方メートルである。「こうしてしきりに語られたのは、『農業の曲がり角』ということばだった。このような状況のなかで、青年たちの目は共同化による経費の削減、さらには生産性の向上にむけられていく。共同化への志向は、はやくも昭和三三(一九五八)年一月号の座談会『新春放談』のなかに登場するが、しかしこの時はまだ、『放談』のなかの夢として語られているにすぎなかった」。

その後、共同化への志向は、さまざまな記事のなかに登場するようになる。そして、「昭和三五(一九六〇)年春、『やってみないわけにはいかない』と、北平田には三つの共同経営が生まれるのである。すなわち、三人の農協青年部員による全面共同の法人経営『有限会社太成農場』、やはり農協青年部員を中心とする大字中野曾根の養豚共同経営『中野曽根共同家畜組合』と大字漆曽根《うるしそね》の『漆里共同畜産組合』がそれである」。このうち「太成農場」は、農協青年部の中心メンバー三人が取り組んだものだったが、この三人はかつては地主、自作、小作と階層を異にしながら、小学校の同級生、そういう三人が庄内の中心作目稲作の完全共同を目指したものであった。ところが、この三人の知らない借金が一人の家にあって、翌年この三人の夢は挫折せざるを得なかった。これはまことに、経営と経済とが一つに結びついている「家」の難しさを露呈したものだった。それに較べれば、基幹作目の稲作を避けて、畜産で試みた他の共同経営は一五年間という長期にわたって持続することができた。しかし、世代交替によって経営の担い手が交代することによって、志向がハウス園芸、農外就労、養豚などと分化してゆき、この共同経営も解散することになる。

「いずれの場合も、困難は家の問題にあった」。前者は、家の経済と経営との統一からくる難しさ、後者は、個人の志向と経営との結びつきから来る難しさである。「しかし『過剰投資』、『機械化貧乏』の問題は更に進行する」。こうしてやがて庄内地方では、「共同化」の一形態である「水稲集団栽培」が広範に展開されることになる。

†水稲集団栽培の形成

「一九六〇（昭和三五）年に始まる数年は、戦後日本の社会・経済の、そしてまた農業・農村の大きな転換点であった……。という意味は、この年、日米安全保障条約が改定され、その後の日本の進路を大きく決定することになったからであり、農業・農村についていえば、この年から限られた範囲ながら農産物輸入の自由化が開始され、しだいに比率を大きくしながら、一九六三年には、ＩＭＦ理事会から『八条国』への移行を勧告されるにいたる、そのような時期に当たっていたからである。……そして国内の農業政策としては、来るべき『開放経済体制』をにらんで一九六一（昭和三六年）六月『農業基本法』が制定され、その下で一九六二（昭和三七）年、『農業構造改善』政策が開始されることになったのである」。

「この頃庄内で語られていた『農業の曲がり角』とは、以上のような農政の変化を敏感に察知しての発言であったのであろうが、同時にそれは、農地改革後の生産力発展が『四石のカベ』の前で頭打ちするなか、それを打ち破るべく採用される農業資財が『過剰投資』となり、他方また生活様式の変化がもたらす生活費の膨張が農家経済を圧迫しつつ、しかもとくに一九六〇（昭和三五）年以降は年雇労働力の急速な流出によって労働力不足、労賃高を意識せざるをえない、という庄内農業自体の困難な状況を反映した言葉でもあった」。

「まさにこのような事態のなかで、一九六〇（昭和三五）年頃の稲作の停滞状況をいかに突破するかが、集団栽培にかけられた期待だったのである。次にその形成に至る経過について見ると、まず第一に農繁期、とくに田植期の労力不足への対応を挙げることができよう。それは例えば、異なる苗代様式の組み合わせや、播種期を段階的にずらしておこなう、いわゆる『段播き』などによって作業適期の延長を図る、といった個別の解決策として試みられ、あるいは

『ゆい、手間替え』が増加するなどの動きとして見られたが、そのようななかで次第に『共同田植』が普及していったのである」。

「第二に、共同防除の契機がある。……今日でこそ、防除のための薬剤散布に疑問の声が上がって、過度の散布は避けられる傾向にあるが、この頃はむしろ、防除の徹底による病虫害の駆除、そのことによる収量の増大こそが目指されていたのである。……ここで注意しておきたいのは、以上の二点とも、部落つまり村の仕事として行われている点である。……この一九六〇年頃の『停滞状況』に直面して、その解決策を『村の仕事』として模索しはじめていたのである」。

機械化の進行。トラクターによる耕耘（上）と田植機による田植（下）（酒田市教育委員会『ジュニア版酒田の歴史』1993年）

「第三に、これらの自然発生的な部落を場とする模索を踏まえて、意識的に『集団栽培』として取り組まれるようになった契機として、当時、導入が目前に迫っていたトラクターを始めとする機械化の課題への対応をあげることができる」。……もともとこの「集団栽培」とは、愛知県農試技師の提唱にかかる言葉であったが、……「庄内では、以上のような部落を場とする共同の契機を踏まえ、そこにトラクターの共同購入、共同利用を結びつけて、部落を場として『部落ぐるみ』の共同として結成されたのであった」。「そのきっかけになったのは、一九六三年、庄内経済連が『水稲集団栽培モデル地区設置要項』を策定して、集団栽培の普及に乗り出し」たことにあった。

このような経過を経ることによって、「庄内地方の水稲集団栽培は……トラクターによる耕耘・代掻、田植、防除を三本の柱とし、それに品種その他の協定事項をからませながら行われる形態が一般的となる」。ただしここで注意しておきたいのは、導入されるトラクターを始めとする農業機械が、農業構造改善事業で推奨された大型機械ではなく、トラクターでいえば三〇馬力未満の中小型のものだったことである。それこそが、農民的要求だった。

†部落を場とする共同化

このような内容の共同化、つまり「集団栽培」が、「部落を場として取り組まれたことに庄内の特徴がある」。ただし「一九六七(昭和四二)年の庄内経済連の集計によると、集団栽培の一集団当りの戸数は二〇~三〇戸とあまり多くはない。庄内地方の一集落当りの戸数は、一九六〇年センサスによると、もっとも多いのが三〇～四九戸となっており、集団栽培の戸数の方が一回り小さいことが分かる」。これは、集団栽培を実施した生産組合に小さいものが多かったためか、あるいは生産組合のメンバーのなかでも参加しなかったものがあるためか、そのどちらかであろう。そこでこの点について、……酒田市域内の生産組合の集団栽培参加率を検討したところ、「実際に『部落ぐるみ』という形で集団栽培を実施している事例が多いのは、加入農家数二〇戸以上五〇戸未満程度の生産組合で、それよりも小さいとかえって実施しにくくなり、また反対に大きいと、部落ぐるみという形よりは、同志的な集団によるものが多くなる」ということが分かった。

「庄内地方では、このような内容の集団栽培が一九六三（昭和三八）年以降、急速に普及してゆく。……最盛期と見られる一九七〇（昭和四五）年には、農家戸数においても水稲栽培面積においても、集団栽培に組み込まれた割合が五〇％前後を占めるようになるのである。このような成功は如何にして可能であったのか。……先に見た全面共同の法人経営は、綿密かつ慎重な計画にもかかわらず、困難に直面して結成後一年足らずして解散せざるをえなかった。それは、経営と生活との統一体としての家から経営の面を切り離し、そのことによって経済経営としての合理性の徹底を図ったものであったが、まさにそのことが、家による経営のもつ柔軟性、強靭性、いわばしぶとさを失って、かえって脆弱なものとなっていたのである。それはまた、一円の土地を包括する村の利点をも活かすことができずにいた。それに対して集団栽培は、家の経営をそのままに、むしろ家の経営を構成単位として、その共同として、しかも村つまり部落を場に結成されたのであり、これは、庄内の村が長い経験を持つ家々の協議、契約、共同という、まさに家と村の営みを一九六〇（昭和三五）年以降の日本資本主義の高度成長のなかでの労働力流出、労賃高という家の経営の困難への対応として活用したものに他ならなかったのである」。

以下拙著では、酒田市広野上中村部落、鶴岡市京田地区大字林崎、酒田市北平田地区大字中野曽根という三つの部落の事例によって、その形成、展開、解体に至る経過について、それぞれの中心人物の語りと文書資料とにもとづいて報告しており、ある部落で実施された一戸から二人以上参加の「全体協議会」（女性をも含む）の実施など興味ある試みなども紹介されているが、あまりに長文にわたるのでここでは省略しておこう。

集団栽培は、やがて右のような課題、とくにトラクター導入という歴史的使命を終えて解体して行く。しかし注意しておきたいのは「集団栽培の解体がただちに村つまり部落の解体を意味しなかったことである。そのことの基本には、集団栽培の解体が家の解体にはつながらなかったことが、横たわっている。むろん家は大きく変容していた。そのことに対応して村も変容していた。しかし、家そのもの、村そのものが無くなってしまったわけではない」。それなら、集団栽培後の庄内農業と農村はどのように変わったか。

稲作各地の動向

しかしその前に、右に見たような「農業の曲がり角」は、庄内だけの課題ではなかった。少なくとも稲作を主とする各地の農村において意識されざるをえない時代の課題であった。それに対して稲作農民たちはどのように立ち向かったのか。ここで、その点を探るために、しばらく拙著を離れて、高橋明善《あきよし》の「水田農村における農業生産組織の展開」と題する論文に目を移すことにしよう。(2)

高橋はまず「昭和四〇（一九六五）年に全国最高の一〇a当り平均反収を記録し、いわゆる新佐賀段階の生産力として全国的に脚光を浴びた」佐賀県を取り上げている。その「技術的基礎は、……短稈穂数型新品種の出現、密植栽培、多肥分施技術の確立、土地改良と水管理の改善、病虫害の徹底防除など個別小農的技術の追求が多面的に展開された」結果であった。しかしそれだけでなく「いまひとつ、佐賀独自の形態であみだされた米作りの集団組織であった」。農林省調査によると四四年において、「佐賀県における集団栽培の面積普及率は四三・二%と全国最高である」。「県下には約二、六〇〇の伝統的な部落の結合に依存した実行組合があるが、それを第一階梯において目的集団化し、部落組織を整備し、意識の統一、研究グループの育成をおこない、集団栽培の準備段階としての実践組合をつくる。第二階梯は近代化集団であり、目的集団であると同時に機能集団化をはかり、無償労働の報酬化、役員組織の整備、田植、苗代、炊事の共同、共同利用機械の導入、各種技術研究等をおこなう。第三段階は高度近代化集団であり、それは機能集団であるとともに協業組織的性格を帯び、大中型機械が導入され、仕事の専門化と分担が基幹農業者中心に明確化され、裏作、畜産、園芸との結合も達成される」。「新佐賀段階の米作りは第一、第二段階において達成されたもの」という。高橋は、この後「小城《おぎ》郡三日月町の三集団」の例を紹介しているが、ここでは省略せざるをえない。

次に高橋が取り上げるのは、富山県平坦部の水田農業の「構造改善事業を契機」とする「大型機械化」である。例えば、「大型コンバイン導入台数は四四（一九六九）年に五二台で北海道に次いで全国二位、ライスセンターは五三カ所で第二位となっている。構造改善を導入した地域では、「一区画三〇a程度の大型圃場を整備し、……大型機械化の利用の基礎をつくりあげている」。それは「とくに砺波平野」において進行しており、高橋は、この地域の「三つの営農集団」を取り上げている。東砺波郡福野町の営農組合、隣接する砺波市若林地区の大型機械利用組合、また砺波市東野尻農協の事例である。詳細は省略せざるをえないが、その紹介の中で語られている「労働力節減と機械化のための生産費増は、兼業化をもたらす内的要因である」という指摘が印象的である。また、「オペレーターは臨時雇の専従一人をあわせ二二人である。その経営階層は地域では上層である。……専従者と酪農に従事する二人を除いて全員が定職の兼業（工員、運転手、ガソリンスタンド、農協、土地改良区などの勤務、プラスチック加工の自営など）である。オペレーター賃金はコンバイン時間当たり三二〇円、トラクター三二〇円でせいぜい二ヶ月の仕事であり、これに専従し得ない。生産主体が消滅しつつ、引き返しようのない変化が進んでいるのである」。

第三に「愛知の大型機械化営農」である。この章の表題に高橋は、「集団栽培から作業委託へ」という副題をそえている。ここでは、「昭和三二（一九五七）年より安城市でおこなわれた集団栽培から出発しているが、四一（一九六六）年以降県の施策もあって爆発的に増加していった」。……「三〇年代には、佐賀、富山と同じく技術の高位水準化を図り、増収を目標としたものであったが、三〇年代の終わり頃から、機械の利用と兼業化に対応するものへと性格を変化させてきている。こうした方向を農業構造改善事業や高度集団栽培促進事業等の諸施策が促進している」。いくつかの事例報告の後に高橋は、「営農集団は多くの問題をかかえている」として、以下のような問題点を紹介している。「(1)佐賀と同じく、無償労働を原則とする共同体的原理と営農集団の矛盾がある。……(2)このことは、専業農家と兼業農家の間に対立的なものがあることをも示している。……組合長は、集団栽培という形は崩壊の姿になってゆくのではないかと不安をもらしている。つまり完全な請負、信託体制にならざるを得ないのではないかというのである」。(3)「オペレーター集団に関してはその過労の問題と、自家経営との競合、年間作業時間の短さ、したがって収入の低さと不安定性が問題になる。……(4)名古屋市近郊ということもあって、耕地価格は、四四年末で坪一万円もしているという現状がある。こうした中で、資産管理型のものもふえて、むしろ耕作農民に寄生しているかのごとき層もあらわれている。……つまり集団営農は、一方では零細農民の耕作を保障するとともに、脱農してしかるべき層をもかかえこんでいるのである」。

第四に、蒲原における請負耕作である。ここでは、他地方と異なって、「農業生産の集団的な方式による展開」に「先立って、さらにはそれと対抗的に個別経営前進型の展開が強く見られるという特徴がある。……個別経営の規模拡大は二つの方向でおこなわれる。第一は土地購入であり、第二は請負耕作である」。このように述べて高橋は、西蒲原郡中心に農家の実態を紹介している。そこでは、年々地価が高騰することによって、「請負耕作が大きな方向として浮かびあがってきている。そのことの要因としては、「第一に土地基盤の整備」がある。「明治大正に基盤整備が行われ、農耕様式をその下で定着させていた庄内に比し、農地改革に続く用排水分離、大型圃場、農地集団化等々は、圃場の自立的管理を効果的にさせ、個別農家の『自立的生産力の発展を促す』ものであり、彼等の経営意欲を刺激するものであった」。「第二に、この基盤整備は農業に小型、中型の機械化技術を普及させるのによりふさわしいものであった。

そのこともあって、三〇年前後より耕耘機が、三七〜四〇年頃の耕耘機更新期から中型トラクターが普及」し、……さらに苅取過程の機械化。つまり「バインダーから自脱型コンバインの普及へと進んでいる」。さらに「乾燥機が導入されて乾燥体系が一変し、……生脱用脱穀機が導入されるにいたった」。また、運搬手段も「畜力からテーラー、オート三輪を経て、……トラックに転換し、田植を除く農業生産の様式、労働様式を一変させ、新しい中小型機械化技術の体系が整備」されてきている。「これらは、一面においては年雇の減少、労働力流出、労賃高騰を契機としていると思われるが、機械化の進展はそれをカバーするだけでなく、さらに直系家族による可耕限界を大きく高めた」。「第三に機械化の進展は当然のことながら生産費の上昇をもたら」し、それが経営規模の拡大を要請する。しかし「第四に初期の段階では耕地の供給もかなりみられたが、それは停滞しはじめた。新潟県全体の工業化、都市化の中で雇傭機会が漸次的に増大し、小規模農家が経済的に窮迫するとただちに耕地を手放さざるを得ないという事情が緩和されてきている。……こうして地価が高騰し、同時に農地は資産化の度を強め、農地の流動を停滞させて来ている」。「第五、小規模農家は、やむことのない農業生産技術、労働様式の変化、革新についてゆけない存在である。……兼業への生活依存が深まるにつれて、農業は次第に桎梏となる層もあらわれてくる」。……「こうして請負耕作が拡がるのである」。

他方、受託者の側について、「これまでの諸地域に見られた共同型に対して、上層農家の間に個別経営による前進の意欲が強くあらわれている」という。高橋によると、このように「今日のところ個別経営型が依然として支配的である」が、しかし「蒲原農業がこの個別経営漸進型の道によって自己を貫き通し得るかどうか疑問」である。このあと高橋論文は、「庄内農業と農業共同化法人」について紹介しているが、庄内については、これまで拙著によって見てきたので、紹介は割愛することにしよう

†集団栽培後の農家調査――夫婦家族連合としての家

さて、ここで拙著に戻って、集団栽培後の庄内農業と農村であるが、私たちは、この問題に取り組むために、一九八四〜八五（昭和五九〜六〇）年と一九八九〜九〇（平成元〜二）年の二次にわたって、庄内農村においてあらためて営農志向調査を行った。対象地はかつて集団栽培に関する調査をおこなった鶴岡市京田地区と酒田市北平田地区である。これら両地区において、調査票を使った面接調査を行ったが、お会いしたのは八〇〜九〇名程度で統計的調査というよりは、いろいろなタイプの農家から意見を聞きたいという趣旨で行われた事例調査であった。以下、その結論の要点のみになるが、紹介することにしよう。なお、右の調査のうち、一九九〇年度の調査は、後に紹介するように農家女性を対象に行われた。(3)

この調査時期、一九七〇年代初頭以降は、日本の農政としては未曾有の米生産調整という政

策がとられ、稲作地帯である庄内農村には大きな影響を与えていた。そのもとで、各家ごとに将来の進路志向を尋ねたところ、⑴水稲専作志向、⑵複合経営志向、⑶農外就労という、三つの方向に分かれていた。「しかしこれら三つのどれを選ぶかは、少なくとも中大規模経営層にかんするかぎり、単純に規模によるものではないという点に注意する必要がある。むしろ家の成員一人ひとりの志向と、目の前に示されているチャンスとを勘案して、最善の道をえらびとるかたちで意思決定されているのだった」。

そこに、それぞれの家はさまざまな就労構造をもつことになる。「多様な就労構造はとうぜんに、家計構造の多元化をもたらす。……しかし、個人ごと、あるいは夫婦ごとに経済がばらばらになっているわけではない。それらの持寄りによる家の経済、……『主家計』が厳存している。そのなかに、庄内農民の伝統的な家業である水稲作収入が位置を占める。その意味では、この『主家計』とはまさに家業経営体としての家の経済であり、それに、その他の所得の持寄りがくわわって、一つの経済を形成している。先に紹介した有賀喜左衛門が……一つの家とみる規準としてもっとも重視した『一家計』ということが、今日の多元的な就労にかかわらず維持されているわけである。というよりも、その『一家計』を破綻させないためにこそ、働くことのできる大人の成員のほとんどを動員してさまざまに就労し、その所得をもちよって『生活組織』としての家をなりたたせているのである」。

「その『一家計』を破綻させない水準とは一方における農業経営費と、他方における家計費との、両面の充足である。家計費は、今日の日本における社会的平均的な生活様式、水準によって規定されている。かつてのように、都市勤労者とくらべてさえいちじるしく低い生活費の水準はもはや通用しない。……しかし他面、そのような生活費の水準をこえた『利益』の蓄積は、今日の農家経済においても実現されていない。今日においても農民経営の目的は『利益』ではなく生活であり、その意味でも、まさに家なのである」。

「しかしかといって多元的な就労による多様な所得が、すべて『主家計』に入ってしまうわけではない。……『主家計』に入るのは、家の成員が共同に送る消費生活の、いわば基本的生活費部分であり、それをこえた、所得をもつ個人あるいは夫婦が独自に消費する、いわば生活拡充のための費用は、『別勘定』としてとっておかれる。例えば、後継者夫婦のプラス・アルファー収入や農外就労の一部または全部がかれらの『別勘定』として留保され、あるいは農業者年金が老夫婦の『別勘定』となるなどである」。

「むろんかつても、『シンガイ』、『ホッタ』、『ホマチ』などとよばれた家の成員の『私有財』は存在していた。しかしそれらは、明示的にか暗黙のうちにか、家長の承認のもとに、家の経済から分別されたものとして形成されていた。……ところが今日では、いわば論理が逆転して、家の成員一人ひとりの就労による所得の持寄りによって、『主家計』が形成される。……はじめから疑問なしに主家計に入るものとされるのは、水稲収入だけであろう」。「とはいっても、『主家計』は家長が管理する。それによって、家業としての農業経営の費用がまかなわれ、また家の成員の共同の基本的生活費が支払われる。だから、『世帯主のふところが一番苦しい』とは、調査中よくきかれたことばである」。しかしそれにしても、「まさにこの『主家計』が、今日なお家長を家長たらしめ、家を『生活組織』として機能させているのである」。「『別勘定』による生活拡充の活動の一環として、……多様な余暇活動が展開されていた。そのなかでも、家の問題との関連でいえば、夫婦単位の余暇行動がめだっていた。つまり、今日の庄内農民の家は、家族構成の面からみれば一世代一夫婦の直系家族が一般的であるが、そこに含まれているそれぞれの核家族が、家長の管理する『主家計』を基礎に一つに結びつき、『生活組織』としての家を形成しながら、他面『別勘定』によって余暇などの夫婦単位の生活行動をとっているのであり、そこにおいてそれぞれの核家族は、一定の機能的まとまりをもった夫婦家族として形成されつつあると見ること」ができるのであった。「しかしそうはいっても、それぞれの核家族が完全に独立した夫婦家族をなしているわけではない。『主家計』による生活の共同をおこない、一般には居住をも共にしている」。それはいわば「夫婦家族連合としての家」である。

†女性調査の結果——家族内役割分担

「かつてならば『嫁・舅（姑）』関係が問題とされたところであろうが、我々の男性調査の結果では、妻に対して『大変だ』、『苦労をかける』、『感謝する』などのことばがかたられながら、基本的には『問題がない』との認識が示されていた。果してそうなのか、男性調査によってはみえないものがみえてくるのではないか、というねらいで、われわれは女性調査をおこなったのであった」。

個人ごとの回答については省略するが、「多くの嫁たちは、家の外に働きに出ていた。必ずしも労働条件のよい仕事ばかりではなかったが、常勤者も少なくはなく、家に貴重な現金収入をもたらしていた。その家の経営志向によっては、嫁たちの労働力も農業にふりむけられる。その場合、稲作や、プラス・アルファでも畜産については補助的役割にとどまることが多いが、施設園芸等の分野では、むしろ基幹的役割をはたしている事例もあった。このように、嫁たちは懸命に職業労働に従事し、そのことがかの女たちに『専業主婦』以上の責任と地位をあたえているとみることができよう。そこからくる自信と意欲が、かの女たちを生き生きとさせていたにちがいない。しかし他面、嫁たちにはその上に家事労働の負担がおおいかぶさってくる」。

「しかし、家事の主役はむしろ姑たちである。つまり姑たちは、農業についてはせいぜい補助的な役割、あるいは自家用畑程度で、また農外に働きにでていても臨時的な仕事にとどまり、主役を演じるのは、食事の支度や子供つまり孫の養育などの家事労働の場面なのである。だからこの役割分担がくずれた場合、例えば姑が高齢で介護が必要であるとか、家族周期によって一世代夫婦の場合とかには、嫁世代の人にいちじるしく過重な負担がかかる。過重負担といえば、近ごろ増加してきている三世代夫婦からなる家において、中間世代の主婦が、孫の養育を含む一般の家事労働に高齢者の介護が加わって、いわば二重の負担にあえいでいることをみおとすわけにはいかない」。

「世代間役割分担がなりたっていても、複数世代の夫婦が同居する家には、さまざまなコンフリクトが生じうる。祖母の味付けが孫の口に合わなかったり、子供の養育をめぐって姑と嫁の意見が対立したり、等々、いわゆる『嫁・姑(舅)関係』をめぐる問題もさまざまにかたられていたが、しかしむしろそれをこえようとする双方の工夫と努力が印象深かった、不満を外ではいわないとか、役割や行動空間を分けるとか、あるいは自己の過去の経験を対象化し、かつそれぞれの事柄に即して接するなど、まさに自覚的といってよい生活の知恵がそこでは発揮されていたのである」。

「家が変われば結婚の形態も変わり、結婚の形態が変われば家はまた変化する」。「北平田地区の二部落における聞き取りによる資料」でみると、「夫婦の一方が非農家出身という事例がかなりあり、大字中野曽根においては六四組中一二組（一八・八％）、大字円能寺において三三組中七組（二一・二％）をしめている。しかも近年恋愛結婚が増加し、その恋愛結婚のかたちで、かなりの数の非農家出身者が農家に婿入している。嫁入りだけでなく、恋愛による婿入の事例もある」。

†もう一つの重要な問題——家の外での代表役割

「以上みてきたように、農民の家の生活は大きく変わってきている。そしてその中で女性たちは重要な役割をにない積極的に生きているのであった。しかしその場合、世代間分業だけでなく、性別役割分担がかなり明確に存在していることが注目された。むろんそれに批判的な見解もきかれたが、他方では、『主人には外のことをしっかりやってもらいたい』と夫を激励し、『内のことは私が責任をもつ』と自信をのぞかせるかたちで、性別役割分業をむしろ肯定的にうけとめる傾向さえみられたのである。しかしこのことを、農民の家と農村女性の意識のおくれとのみとらえるのであってはならないであろう。そのことのもつ意味と将来に向けての問題点は、具体的な状況のなかで具体的なかたちで明らかにされるのでなければならない」。

「しかし、もう一つの重要な問題が、労働以外の場面によこたわっているように思う。……今日でも、家を代表して『外』のつき合いや会合に出席して、村や地域にかかわる意思決定に参画するのは男性の仕事なのである。まして、女性の部落会長や農協理事は皆無に近い。家のなかでは重要な役割をにない、人によっては農業のある部分の基幹労働力にさえなっているのに、である。今後、日本の農業、農家経営において女性のはたす役割はいっそう大きなものとなるだろう。そのことを考えると、うちやぶられなければならない重要な一点がここにあるといわなければならない」。

†村は今

「庄内の村では同族団の力は弱い」。むろん、村によって同族団は存在するが、先に第八章で見たような歴史的経過から、「その構成戸数は一般に少なく、生産と生活にかかわる『生活組織』としてははたす機能は微弱である。むしろ近代においては区総会とか部落会とか呼ばれた、部落全戸の家長の寄り合いでの『契約』がきわめて強い規制力をもっている」。……「その最後の残り火が燃えひろがったのが、一九六三（昭和三八）年にはじまる、あの部落ぐるみの集団栽培だったともいうことができよう。……しかし集団栽培の展開過程それじたいのなかで、一方では稲作機械化一貫体系の形成が農業労働力の性格を大きく変化させ、他方ではその結果排出された余剰労働力を多少なりとも拡大した地域労働市場が吸引し、こうして部落ぐるみの集団栽培はその歴史的使命を終えて解体していったのである」。

「こうしていまや、個別農家の自立性はいちじるしく強まったとみることができる。……技術的な点に関していえば、水利秩序の変化も大きい。庄内地方では、戦後一九六〇年前後から最上川や赤川などの大河川に取水する大規模な水利事業が開始され、それにもとづいて一九六〇年代末から八〇年代にかけて各地で土地基盤整備事業がおこなわれてきたが、われわれの調査対象地京田地区および北平田地区も、それぞれ大きな変化を経験した」。京田地区の事例でいえば、「水利秩序に根本的な変革をせまったのは、一九六八（昭和四三）年に始まる大規模圃場整備事業であった」。これまでおこなわれていた耕地整理事業の一反歩区画、用配水未分離の田区状況を、「機械時代に対応して三反歩区画、道路拡張、そしてなによりもパイプ灌漑による水利の合理化をねらいとして再整備したのである。……かつて京田地区に水を引いていた四つの堰は消滅してしまった。堰ごとにおかれていた堰守や水利調製委員もお役御免になった。……そのような旧秩序にかわって、それぞれの用水機場ごとに運営協議会がおかれている。……現在では蛇口をひねれば水がでるし、量的にも、代かきの時に若干調整するほか、ほとんど足りないことはないので、かつてのような水の苦労はまったくなくなったといってよい。……このようにみてくると、水利関係においても、家の自立化はいちじるしく進んでいるということができよう」。

「しかしそうはいっても、村がまったくなくなってしまったわけではない。しかし大きく変った。一言でいえば、家の変化に対応して村も多元化した、とでも表現できようか」。「とくに村の意思決定をおこなう自治組織が、家長層が出席する部落会と後継者層からなる生産組合とに二元化してしまっている」。それは家において、「主家計」を担う家の最終責任者としての家長層、稲作の経営責任をになう後継者層という分化に対応していると見られる。これもまた「就業と家計構造の多元化、そのことにもとづく『夫婦家族連合』としての家とでもいいうるような家の現況を反映していると見られよう」。ただし、右にみたように、女性が、これら部落会や生産組合の長を担っている事例は「皆無に近」く、そこにわれわれは「うちやぶられなければならない重要な一点」を見出したのであった。

†直売所の女性たち

ここで、右に見てきた一九八四〜八五（昭和五九〜六〇）年と一九八九〜九〇（平成元〜二）年の連続調査の後、庄内地方において永野由紀子が二〇〇一年におこなった「直売所」に焦点を据えて実施した調査研究を取り上げることにしよう[4]。対象地は「国の重要無形文化財に指定されている黒川能の里として全国に知られる山形県東田川郡櫛引町《くしびきまち》」である。立地するのは、大字西荒屋《にしあらや》。「人口八五三六人、一九一三世帯（二〇〇〇年国勢調査）の町」であるが、「販売農家七九九戸のうち専業農家三一戸（四％）、第一種兼業農家二一一戸（二六％）、第二種兼業農家五五七戸（七〇％）で、圧倒的多数が第二種兼業農家である」。ここにおいても「農業の中心は稲作」であるが、それに「加えて枝豆やメロンやキュウリといった野菜作、柿やリンゴやブドウやナシやサクランボといった果樹作を組み合わせた複合経営を特徴」としており、その歴史は「藩政期にまでさかのぼることができる」。

この櫛引町で公設民営の農産物直売所「あぐり」が設立されたのは、一九九七年であった。「直売所は、赤川に沿って町を南北に縦断する幹線国道一一二号バイパス沿いに立地する。……来場者の大半は、町内や隣接する鶴岡市から車で訪れ、果樹の収穫期には、内陸の山形市や仙台圏からも来場する。……直売所の参加農家の三分の一以上を占め、直売所が立地している西荒屋は……果樹栽培が盛ん」であり、かつては、「女性がリヤカーやワゴンで鶴岡の町場に農産物を売りに行く振り売りが盛ん」であった。

直売所の建設に当たっては、関連する公民館の移設をめぐって「住民が『西荒屋の歴史始まって以来の住民投票』と呼ぶ投票」で決められた。「直売所は管理運営組合の組合員によって運営されており、設立当初の組合員は七三名である。組合員は、直売所に出荷する農家から代表一名が組合員となる方式をとっているが、女性が企画や運営に参加しやすいように『女性の会』を立ち上げ、女性パワーの動員を図っている。……直売所は一九九七年のオープンから四ヶ月で八〇〇〇万円の販売金額をあげ、冬期も休業しない通年営業の方針を決めて、六〇〇万円の余剰金を出すほどの予想を超える成功を初年度におさめる。……『あぐりができて勤めをやめて農業する女性がでてきた』といった地域の声も、直売所が農業の活性化に貢献したことを語るものであろう」。

以下、参加農家に対する面接調査の結果が報告されているが、そのなかから摘記すると、参加農家の「家族構成については、家族員は五人から八人が多く、ほとんどが夫婦二世代ないしは夫婦三世代の直系家族の構成である。……機械の所有状況について見ると、他の集落では個人所有が顕著だが、西荒屋については、トラクター、田植機、コンバインといった農業機械を二戸から三戸の農家が共同所有している場合が多い。……直売所に参加した後で一番大きな変化は何かという問いには『収入は上がったが、忙しくなった』と答える人が多かった」。つまり、「家族内の労力があるか否かが、直売所に参加しうるかどうかを決する分水嶺」といえよう。「働き盛りの夫婦二人の労働力を振り向けられるのは、親世代の母が家事基幹としてほとんどの家事を引き受けているから」である。

農協はどうなるのか。「農協は持っていくだけでいい。売る喜びはない。農協や市場は値段はあちらまかせ。『あぐり』は自由に自分で値をつけられる。その代わり、売れないリスクを負う。……それぞれの特徴を生かしてバランスをとる」。また、農外の「正社員」としての勤めを辞めて「あぐり」に参加して一番よかったこととして、「櫛引町の他の集落の農家の女性と交流する機会を得たこと」を挙げている人もいる。

今日、直売所は、各地で「ブーム」ともいえよう。しかし直売所間の競争も激化している。著者永野は、この直売所に関する報告のまとめとして、「直売所に参加していない農家はどのようなかたちで今後の方向を模索していくのかが、これからの対応が問われるところである」と述べている。

†集落営農の動向

右の櫛引町の事例は、水稲作地帯の庄内の中でも野菜作や果樹作が盛んな地域の実践例であった。かつての「振り売り」が「直売所」に形を変えて、複合経営の新たな展開をはかっているのだった。しかし庄内では、ほとんど畑作を持たない文字通りの水稲単作村も少なくない。そのような地域におけるかつての実践例として、庄内では「部落ぐるみの水稲集団栽培」があった。「集団栽培」がトラクターの導入という時代の課題に応え終えて解体に至った後、水稲単作地帯はどのような方向を探っているのだろうか。これまでもたびたび紹介してきた酒田市北平田地区における「集落営農」の試みを、秋葉《あきば》節夫《せつお》の論文が取り上げているので、次に結論部分だけになるが簡単に紹介して、この章のまとめとすることにしよう。(5)

「この北平田地区でなぜ集落営農が検討されるようになったかについてはいくつかの理由があ

る」が、「なによりも大きいのは、将来の米価下落に対する農家の強い危機感」である。「そこで二〇〇五年に、将来的な北平田地区の農業をどうしていくかを検討することを目的に、『生産組織あり方検討会』が結成された。……その構成は、従来の集落代表というのではなく、……数集落にまたがる範囲から比較的若い大規模農家を七名選定し、さらに認定農業者会会長、JAみどり、酒田市役所が加わった計一三名である」。そして、「各農家の意向を聞くアンケートを実施する」などして検討した結果、「北平田地区全体で六一五・一ヘクタールの水田面積をもつ『特定農業団体』を立ち上げることになった。地区一本に絞った理由は、現在の集落単位にすると、面積が二〇ヘクタールに満たないところや担い手の不在なところが数集落あったことによる。また北平田地区では、集落間の出作・入作が多いため」に、「地区一本に絞った方がまとまり易い」という考え方があったためという。そこで、この「生産組織あり方検討会」を中心に各集落を訪ね「度重なる説明会を実施」した結果、「『農用地利用改善団体』……に関しては、地区全体のほぼ一〇〇%の同意を得る」ことができ、二〇〇七年四月に、一四集落すべてを含めて設立された。右の説明のなかで、「集落間の出作・入作が多いため」とされている点に注意していただきたい。北平田地区に限らず庄内農村では、近世における検地の際の「村切り」によって、ほとんどの村(後の「部落」)は集落の周囲にその経営地がまとまっていた。それが、農業を廃業して他出した家、あるいは他出しなくても農外就職によって田地を他家に委ねた家が増えたために、その田地が部落外の家に耕作されるケースが増えたためなのであろう。

そして、「水田農業推進協議会」の下に、「作業受託組織協議会」を設置して、「無人ヘリ防除」、「大豆刈取」、「乾田V字型直播」、「温湯殺菌消毒」、「土づくり作業」の共同化を推進している。二〇〇九年四月には、農政の助成金を得て、「コンバイン一七台、トラクター三台、代掻きハロー二台、田植機一台を導入して、これまでの個別農家の個別作業と個別機械に頼っていた段階から、秋のコンバイン刈り取り作業の五〇％の共同化に着手」している。「もちろん……個別完結型志向の認定農業者については、決して強制加入は求めず、『特定農業団体』との共存を模索している」。そして「目標では二〇一二年三月に、『農業生産法人』となる準備を進めている」。ここで語られている「集落営農」、「特定農業団体」、「認定農業者」などは、現在の農政用語であるが、ここであらためて解説することは避けておこう。

いずれにしても、共同化の範囲が、農業の担い手不足、そのために集落間の「出作・入作」が多くなっていることなどによって、かつての「部落ぐるみの集団栽培」とは異なって、部落を越えて「北平田地区」つまり旧行政村の範囲にまで広げることになっていること、農業機械がいっそう大型化していること、等が注目されよう。秋葉論文は、この北平田地区の他に、東田川郡三川町《みかわまち》の青山集落における農事組合法人「青山農場」の事例も紹介しているが、これらの検討の上で秋葉は、「担い手不足」のなかでも、「法人化を契機として将来的に集落の誰かが経営を継承していける可能性が出てきた」と述べている。しかしそれだけでなく、「今後は新規の複合作物の導入や販売などを積極的に図ってゆくことが必要」であり、また問題として、「相対的に高い地代を是正して、オペレーター賃金や雇傭労賃の方にできるだけ配分して労働に対するインセンティブを高めること」が重要であると指摘している。

おわりに

日本の農村を、農村社会学の研究文献に頼りながら、東西南北と訪ねてきた。本書を閉じるにあたって、引用させていただいた多くの先学たちにお礼を申し上げなければならない。しかし、大切な実証資料は省略して、要約的な結論部分ばかりを、しかも本書の趣旨に従って、その地域、地方の特徴的と思われるところばかり抜き出しており、モノグラフとしては一面的になってしまっているように思う。そこにまた、私の勝手なコメントを附記したりしているので、お叱りをいただくことになるかも知れない。が、お叱りをいただくにしても、今ではお会いできなくなってしまった方々も少なくない。遥かに、心の中でお許しを願うことにしよう。

農村研究は、むろん社会学の他にも例えば農業経営学や経済学、歴史学や民俗学など多くの研究分野でおこなわれているが、そこまで目を通すことはできなかった。また、農村といえば、その基礎にある農民の家、つまり農家の社会学的研究も数多いが、とくに地域的特性の著しい鹿児島の「末子相続」や白川村の「大家族制」に関する研究を瞥見しただけで、多くの家あるいは家族研究については割愛せざるをえなかった。また、東西南北といいながら、各地の果樹作地帯に対する調査研究や、近年盛んにおこなわれている農村に関わる環境問題の調査研究も見落としている。そして急ぎ足に、私自身が参加した庄内の農家、農村研究でまとめとすることにした。このように、あまりにずさんな探訪とのそしりを免れないかもしれないが、しかしそれでも、まことにさまざまな姿があることが分かった。しかしそのなかで、ただ一つだけ、雇傭労働力による大農場はない、ということは確認できただろう。

北海道では、はじめ、「アメリカ式大農技術」の導入によって「大農式の直営農場」が追求されたが、しかし「市場の狭隘性、大農的な生産力の未確立」によって失敗したのであった。そのほかの内地各地の歴史的研究では、中尊寺骨寺村の事例に見るように開発は家族単位で行われ、家族単位の農業経営が行われたと見られた。ただし、中世から近世初期には「家来」などといわれた服属者をともなう大規模経営が成立していた。近世江戸時代になっても、非血縁者を含む「同族団」が形成され、それが「農村」の実質的内容をなしていた地方もあった。しかし他の地方では、近世の過程を経る中で、農業の集約化によって個別の家による経営が確立して、それらの家々による村が、「農村」社会の内容をなしているのであった。社会学における「自然村」概念は、そのような時代・地方にとくに適合的といえよう。そうなると、親から子へと継承される「家」が確立し、村もまた伝統的な習俗を蓄積し、その継承をもってそれ自体の存続を図ることになる。東海や関西の調査研究では、そのような事例が多く報告されていた。しかし他方、「住民の移動による森林開発、森林の耕地化による新集落の形成、そしてしばしば旧集落の消滅」という過程によって、家と村の未形成、未確立とされる沖縄のような事例も見られた。日本農村社会学では、しばしば家と村が主要な主題とされてきたが、しかし、そのような視点ではとらえきれない「農村」も存在するのである。一般の家の概念とは異なる「大家族」（家）制や、「不定相続」という特徴的な家族のあり方も、それぞれにその地方の生産と生活の条件によってもたらされたものだった。しかしただ一つだけ、雇傭労働力による大農場は形成されていなかった。

私自身、一九九二年に、カリフォルニアで米《こめ》農場を経営していた鯨岡辰馬《くじらおかたつま》のお宅に泊めていただいて、「アメリカ式」大農場を見学したことがある。七〇〇〇エーカー（約二八〇〇ヘクタール）だった。水は、北のシェラネバダ山脈から南のロスアンジェルスまで流してゆくカリフォルニア・アクアダクトという巨大な水路から「買う」。種蒔は飛行機、四〇日ずらして播くが、それは刈取期をずらすため。労働者はほとんどメキシカン。ただ水管理だけは自分でやる。このところだけはまことに日本的といえようか。訪問するちょっと前、鯨岡は日本向けに『コメ自由化はおやめなさい』[1]という著書を刊行していた。「聖域とされるコメの壁を打ち破る」ことによって「貿易の自由化」を推進しようとするアメリカ政府の思惑の前に、日本が揺れ動いていた頃である。それから三〇年近く、二〇一八年に国連で「小農権利宣言」（「小農と農村で働く人びとの権利に関する国連宣言」）が採択された。それを承けて日本で、さまざまな分野の研究者が集まって「小農学会」という学会が結成された。小農とは、この本の主題である「農村」を形作っている「農家」のことである。小農学会の共同副代表を務める農村社会学者の徳野《とくの》貞《さだ》雄《お》は、「『小農』はこの一〇〇年間、実体としても価値目標としても存在していたことは事実である。確固として存在している」と述べている（小農学会編著『新しい小農』[2]）。この本で見てきたようなさまざまに歴史を経て来た農家、農村であるが、しかし「確固として存在している」のである。

引用文献

はじめに

（1）小河原忠三郎『農村社会学』洛陽堂、一九一七年。
（2）鈴木栄太郎『日本農村社会学原理』上（鈴木栄太郎著作集Ⅰ）未来社、一九六八年。
（3）大野晃『山村環境社会学序説――現代山村の限界集落化と流域共同管理』農山漁村文化協会、二〇〇五年。

Ⅰ
第一章

（1）有賀喜左衛門『大家族制度と名子制度』（有賀喜左衛門著作集Ⅲ）未来社、一九六七年。なお、石神および大屋S家の歴史的事情については、佐藤源八『南部二戸郡浅沢郷土史料　アチック　ミューゼアム彙報　第三七』アチック　ミューゼアム刊・丸善株式会社三田出張所、一九四〇年、を参照されたい。
（2）細谷昂『家と村の社会学――東北水稲作地方の事例研究』御茶の水書房、二〇一二年。
（3）川島武宜『日本社会の家族的構成』岩波現代文庫、二〇〇〇年。
（4）米村千代『「家」の存続戦略――歴史社学的考察』勁草書房、一九九九年。
（5）森岡清美『発展する家族社会学――継承・摂取・創造』有斐閣、二〇〇五年。
（6）及川宏『同族組織と村落生活』未来社、一九六七年。有賀喜左衛門『村の生活組織』（有賀喜左衛門著作集Ⅴ）未来社、一九六八年。
（7）有賀喜左衛門『日本家族制度と小作制度』上（有賀喜左衛門著作集Ⅰ）未来社、一九六六年。

第二章

（1）鈴木栄太郎『日本農村社会学原理』上（鈴木栄太郎著作集Ⅰ）未来社、一九六八年。
（2）安孫子麟「地主と農民」、中村吉治編『社会史』Ⅱ、山川出版社、一九六五年。川本彰「村落の領域」、村落社会研究会編『村落社会研究』第八集、塙書房、一九七二年。
（3）大島美津子『明治のむら』教育社歴史新書、一九七七年。
（4）柳田国男『民間伝承論』共立社、一九三四年。
（5）山田盛太郎『日本農業生産力構造』一九六〇年、岩波書店。
（6）喜多野清一「信州更科村若宮の同族団」、日本民族学会編『民族学研究』第三巻第三号、一九三七年。
（7）喜多野清一・住谷一彦「日本の家と家族――有賀・喜多野論争の問題点」『思想』五二七号、一九六八年五月号。
（8）この論争に関しては、有賀喜左衛門「家族と家」（有賀喜左衛門著作集Ⅸ）未来社、一九七〇年、および、喜多野清一『家と同族の基礎理論』未来社、一九七六年、を参照されたい。
（9）竹内利美『村落社会と協同慣行』（竹内利美著作集Ⅰ）名著出版、一九九〇年。
（10）細谷昂『家と村の社会学――東北水稲作地方の事例研究』御茶の水書房、二〇一二年。

第三章

（1）入間田宣夫『中尊寺領骨寺村絵図を読む――日本農村の原風景をもとめて』高志書院、二〇一九年。

(2) 佐藤源八『南部二戸郡浅沢郷土史料 アチック ミューゼアム彙報 第三七』アチック ミューゼアム刊・丸善株式会社三田出張所、一九四〇年、を参照されたい。
(3) 豊原研究会編『豊原村——人と土地の歴史』東京大学出版会、一九七八年。
(4) 余田博通「農業村落共同体の構造と性格」、村落社会研究会編『村落社会研究会年報Ⅵ 村落共同体論の展開』時潮社、一九五九年。
(5) 竹内利美『中世末に於ける村落の形成とその展開——三信国境の村落群について』伊藤書店、一九四四年。
(6) 竹内利美『「熊谷家伝記」の村々』御茶の水書房、一九七八年。
(7) 前掲、佐藤源八『南部二戸郡浅沢郷土史料 アチック ミューゼアム彙報 第三七』、を参照されたい。
(8) 佐々木知仁勇・林雅秀・三須田義暢・庄司知恵子『漆器の歴史を訪ねる安比川の旅』イーハトーヴォ安比高原自然学校漆文化調査企画部、二〇一一年。

Ⅱ

第四章

(1) 福武直『日本農村の社会的性格』東京大学出版会、一九四九年。
(2) 福武直「村落構造」、村落社会研究会編『村落研究の成果と課題』(「村落社会研究会年報」Ⅰ) 御茶の水書房、一九七七年。
(3) 有賀喜左衛門「同族と親族」、『同族と村落』(有賀喜左衛門著作集Ⅹ) 未来社、一九七一年。
(4) 前掲、福武直『日本農村の社会的性格』を参照。
(5) 竹内利美・江馬成也・藤木三千人「東北村落と年序組織」『東北大学教育学部研究年報』第七集、一九五九年。竹内利美『ムラと年齢集団』(竹内利美著作集3)、名著出版、一九九一年。

第五章

(1) 松本通晴『農村変動の研究』ミネルヴァ書房、一九九〇年。
(2) 奥井亜紗子「労働力型都市移動と同郷ネットワークの「論理」——但馬出身者による京阪神都市圏下大衆食堂の展開を事例として」、福田恵編『人の移動から見た農山漁村——村落研究の新たな地平(年報　村落社会研究　第56集)』農山漁村文化協会、二〇二〇年。
(3) 服部治則『親分子分と本分家』御茶の水書房、一九七八年。
(4) 鈴木俊道『東海と関西の戦後村落社会の変容』第一法規株式会社、二〇一三年。
(5) 余田博通「株講の成立と変遷——近畿北部の同族に関する試論」、村落社会研究会編『村落社会研究』第六集、塙書房、一九七〇年。
(6) 大野晃『山村環境社会学序説——現代山村の限界集落化と流域共同管理』農山漁村文化協会、二〇〇五年。

第六章

(1) 北原淳・安和守茂『沖縄の家・門中・村落』第一書房、二〇〇一年。
(2) 北原を中心とする調査研究グループの東アジア農村研究の文献としては、例えば、北原淳編『東アジアの家族・地域・エスニシティ——基層と動態』東信堂、二〇〇五年、を参照されたい。また、「地方的世界」という概念によりながら東アジアを調査研究した、藤井勝・高井康弘・小林和美編著『東アジア「地方的世界」の社会学』晃洋書房、二〇一三年、がある。都市をも含めて、「沖縄らしさ」を探求した総合的研究として、谷富夫・安藤由美・野入直美編著『持続と変容の沖縄社会——沖縄的なるものの現在』ミネルヴァ書房、二〇一四年、が興味深い。沖縄離島に関しては、杉本久未子・藤井和佐編『変貌する沖縄離島社会——八重山にみる地域「自治」』ナカニシヤ出版、二〇一二年、がある。また、沖縄社会については基地問題を欠かすことはできない。この点については、高橋明善『沖縄の基地移設と地域振興』日本経済評論社、二〇〇一年、を参照。

(3) 桑原真人「北海道の経営」『岩波講座　日本通史』第16巻（近代1）、岩波書店、一九九四年。先住民族としてのアイヌの人々の「現代」については、小内透編著『現代アイヌの生活と地域住民——札幌市・むかわ町・新ひだか町・伊達市・白糠町を対象にして』（先住民族の社会学　第2巻）、東信堂、二〇一八年、を参照されたい。

(4) 田畑保『北海道の農村社会』日本経済評論社、一九八六年。「農事組合型農村社会」の変容については、柳村俊介・小内純子『北海道農村社会のゆくえ——農事組合型農村社会の変容と近未来像』農林統計出版、二〇一九年、を参照されたい。

(5) 小池基之『地主制の研究』有斐閣、一九五七年。

(6) 高倉新一郎「北海道の村落私観」、村落社会研究会『村落社会研究（復刻版）』第一輯「村落研究の成果と課題」御茶の水書房、一九七七年。

(7) 黒崎八洲次良『近代農業村落の成立と展開——北海道留寿都村の農家経営を中心として』塙書房、一九七三年。

(8) 農民運動史研究会編『日本農民運動史』東洋経済新報社、一九六一年。

第七章

（1）戸田貞三『新版　家族構成』新泉社、一九七〇年。
（2）白川村史編さん委員会（柿崎京一執筆）『新編白川村史』下巻、白川村、一九九八年。
（3）白川村史編さん委員会『新編白川村史』上巻、白川村、一九九八年。
（4）内藤莞爾『末子相続の研究』弘文堂、一九七三年。
（5）細谷昂『小作農民の歴史社会学――「太一日記」に見る暮らしと時代』御茶の水書房、二〇一九年。
（6）坂根嘉弘「鹿児島地方における分割相続」、安孫子麟編著『日本地主制と近代村落』創風社、一九九四年。
（7）中国及び韓国農村との比較については、本書では取り上げることができなかった。この問題については、柿崎京一他の詳細な共同研究があるので、参照願いたい。柿崎京一・陸学芸・金一鐵・矢野敬生（編）『東アジア村落の基礎構造――日本・中国・韓国村落の実証的研究』御茶の水書房、二〇〇八年。

Ⅲ
第八章

（1）細谷昂『家と村の社会学――東北水稲作地方の事例研究』御茶の水書房、二〇一二年。細谷昂『庄内稲作の歴史社会学――手記と語りの記録』御茶の水書房、二〇一六年。
（2）酒田市史編纂委員会編『酒田市史　改訂版』上、酒田市、一九八七年。
（3）豊原研究会編『豊原村――人と土地の歴史』東京大学出版会、一九七八年。
（4）井川一良『八幡町史』上、八幡町史編纂委員会、一九八一年。また、『八幡町史　資料編八』、八幡町史編纂委員会、一九九四年。

（5）坂田聡「中世の家と女性」『岩波講座　日本通史』第八巻、岩波書店、一九九四年。
（6）山形県飽海郡役所編『飽海郡史』巻之二、大正一二（一九二三）年（復刻本、『飽海郡史』上、名著出版、一九七三年）。
（7）余目町教育委員会編「西野　伊藤氏記録」、『余目町史　資料編　第1号（日記・家記類）』余目町、一九七九年。
（8）鶴岡市史編纂会『鶴岡市史資料編　庄内史料集13　庄内藩農政史料』上巻、鶴岡市、一九九九年。
（9）坂根嘉弘「鹿児島地方における分割相続」、安孫子麟編著『日本地主制と近代村落』創風社、一九九四年。
（10）山田盛太郎『日本農業生産力構造』岩波書店、一九六〇年。
（11）大瀬欣哉・斎藤正一・榎本宗次編『鶴岡市史』上巻、鶴岡市役所、一九六二年。
（12）牧曽根史誌編纂委員会編『牧曽根の歩み』牧曽根自治会、二〇一一年。

第九章

（1）細谷昂『家と村の社会学――東北水稲作地方の事例研究』御茶の水書房、二〇一二年。
（2）菅野正・田原音和・細谷昂『東北農民の思想と行動――庄内農村の研究』御茶の水書房、一九八四年（とくにその第三編「庄内における諸イデオロギーの展開と農民」（田原音和執筆）を参照されたい）。
（3）黒崎八洲次良『近代農業集落の成立と展開――北海道留寿都村の農家経営を中心として』塙書房、一九七三年。
（4）前田卓『女が家を継ぐとき――東北・北関東に見る女性の相続』関西大学出版部、一九九二年。著者前田は、「昔から村に伝わる慣習にしたがって一番上の姉に聟を迎えていることを強調」しているが、少なくとも庄内地方では、そのようなことではなく、家の後継者としてもっとも適切な人を迎えることを考えて、それに合致していれば長女に聟を迎えることもあった、というべきである。
（5）豊原研究会編『豊原村――人と土地の歴史』東京大学出版会、一九七八年。
（6）須々田黎吉「明治農法の形成過程――山形県庄内地方の稲作改良」、農法研究会編『農法展開の論理』御茶の水書房、一九七五年。
（7）佐藤繁実「庄内地方における農業生産力展開の契機――耕地整理とその影響」、農業発達史調査会編『日本農業発達史』（改訂版）別巻上、一九七八年。
（8）飽海郡耕地整理組合『飽海郡耕地整理組合事業沿革及成績概要』一九一六年。
（9）前掲、佐藤繁実「庄内地方における農業生産力展開の契機――耕地整理とその影響」。
（10）細谷昂『小作農民の歴史社会学――「太一日記」に見る暮らしと時代』御茶の水書房、二〇一九年。
（11）前掲、細谷昂『家と村の社会学――東北水稲作地方の事例研究』。
（12）斎藤寿夫『荘内農民運動史』中村書店、一九六二年。および、菅野正『近代日本における農民支配の史的構造』御茶の水書房、一九七八年。
（13）前掲、細谷昂『家と村の社会学――東北水稲作地方の事例研究』。

終章

（1）細谷昂『家と村の社会学――東北水稲作地方の事例研究』御茶の水書房、二〇一二年。
（2）高橋明善「水田農村における農業生産組織の展開」、村落社会研究会編『村落社会研究』第六集、塙書房、一九七〇年。
（3）細谷昂・小林一穂・秋葉節夫・中島信博・伊藤勇『農民生活における個と集団』御茶の水書房、一九九三年。
（4）永野由紀子『現代農村における「家」と女性――庄内地方に見る歴史の連続と断絶』刀水書房、二〇〇五年。
（5）秋葉節夫「庄内地域における集落営農組織化の動向」、広島大学『社会文化論集』第一二号、二〇一二年。

おわりに

（1）鯨岡辰馬『コメ自由化はおやめなさい――カリフォルニア日系農民からの忠告』ネスコ（日本映像出版株式会社）・文藝春秋、一九九〇年。
（2）小農学会編著『新しい小農――その歩み・営み・強み』創森社、二〇一九年。

ちくま新書
1573

日本《にほん》の農村《のうそん》
――農村社会学《のうそんしゃかいがく》に見《み》る東西南北《とうざいなんぼく》

二〇二一年五月一〇日　第一刷発行

著者　細谷　昂（ほそや・たかし）

発行者　喜入冬子

発行所　株式会社 筑摩書房
東京都台東区蔵前二－五－三　郵便番号一一一－八七五五
電話番号〇三－五六八七－二六〇一（代表）

装幀者　間村俊一

印刷・製本　株式会社 精興社

ISBN978-4-480-07397-6 C0261

ちくま新書

941
限界集落の真実
——過疎の村は消えるか？
山下祐介
「限界集落はどこも消滅寸前」は嘘である。危機を煽り立てるだけの報道や、カネによる解決に終始する政府の過疎対策の誤りを正し、真の地域再生とは何かを考える。

1100
地方消滅の罠
——「増田レポート」と人口減少社会の正体
山下祐介
「半数の市町村が消滅する」は嘘だ。「選択と集中」などという論理を振りかざし、地方を消滅させようとしているのは誰なのか。いま話題の増田レポートの虚妄を暴く。

995
東北発の震災論
——周辺から広域システムを考える
山下祐介
中心のために周辺がリスクを負う「広域システム」。その巨大で複雑な機構が原発問題や震災復興を困難に追い込んでいる現状を、気鋭の社会学者が現地から報告する。

1059
自治体再建
——原発避難と「移動する村」
今井照
帰還も移住もできない原発避難民を救うには、江戸時代の「移動する村」の知恵を活かすしかない。バーチャルな自治体の制度化を提唱する、新時代の地方自治再生論。

1529
村の日本近代史
荒木田岳
日本の村の近代化の起源は、秀吉による村の再編にあった。戦国末期から、江戸時代、明治時代までの村の近代化の過程を、従来の歴史学とは全く異なる視点で描く。

902
日本農業の真実
生源寺眞一
わが国の農業は正念場を迎えている。いま大切なのは食と農の実態を冷静に問いなおすことだ。農業政策の第一人者が現状を分析し、近未来の日本農業を描き出す。

1213
農本主義のすすめ
宇根豊
農は資本主義とは相いれない。社会が行き詰まり、自然が壊れかかっているいま、あらためて農の価値を見つめ直す必要がある。戦前に唱えられた思想を再考する。